AF308650

JULES CHOPIN

L'UNITÉ DE LA POLITIQUE ITALIENNE

UNE CARTE EN COULEUR
HORS TEXTE

EDITIONS BOSSARD
43, RUE MADAME, 43
PARIS
1919

L'UNITE

DE LA

POLITIQUE ITALIENNE

JULES CHOPIN

L'UNITÉ

DE LA

POLITIQUE ITALIENNE

(Avec une carte)

ÉDITIONS BOSSARD
43, RUE MADAME, 43
PARIS
1919

INTRODUCTION

*L*ES *apparences, on le sait, sont souvent trompeuses. On risque, surtout en politique, de commettre des erreurs parfois dangereuses en ne jugeant que sur des détails. C'est ce qui est arrivé à l'égard de l'Italie. Ceux qui, en France et ailleurs, avaient mis tous leurs espoirs dans des alliances nées de la « fraternité latine » se sont crus déçus. Pleins de l'enthousiasme suscité par les victoires de Magenta et de Solférino ou de l'admiration provoquée par les légions de Garibaldi, l'entrée de l'Italie dans la Triplice les a refroidis. Ils en ont conclu à l'instabilité de la politique italienne.*

De même les Allemands, qui croyaient l'Italie définitivement enchaînée à leur alliance, ont en 1915 exhalé leurs rancœurs dans d'acerbes critiques. Ils se sont élevés contre « l'infidélité » de leur alliée, contre les fluctuations d'une politique étrangère à laquelle, prétendaient-ils, il est impossible de se fier.

Français et Allemands se trompaient. Ils se laissaient emporter par leurs sentiments ou leur égoïsme et ne voyaient que le fait brutal : les fluctuations des alliances et l'atteinte portée par ces changements aux intérêts particuliers de leur nation. Il leur fallait regarder de plus haut pour voir plus loin ; ils auraient alors compris qu'aucune politique en Europe ne présente plus d'unité et plus de suite que la politique italienne.

Lorsque nous parlons d'unité, entendons-nous.

Nous reconnaissons volontiers qu'il ne faut pas confondre deux périodes fort différentes, poursuivant deux buts définis mais bien distincts. L'unité d'une politique apparaît en effet dans l'identité du but poursuivi et non dans la stabilité des alliances, qui ne sont qu'un moyen d'atteindre ce but auquel elles doivent être subordonnées. Cela explique l'instabilité des alliances dans les deux périodes dont nous parlons. Au milieu du XIX° siècle, il n'existe pas une Italie, mais divers royaumes et princi-

pautés. La tâche est de les grouper en un seul État. Des penseurs, véritables apôtres, de Cesare Cantù à Mazzini, prêchent la croisade du Risorgimento, proclament le droit des nationalités à s'affranchir du joug étranger. Grands, généreux, ils pensent alors à tous les peuples qui gémissent sous l'oppression, particulièrement à leurs voisins slaves du sud de l'Autriche, qu'ils voudraient libérer en même temps qu'eux-mêmes. C'est Cavour, l'habile et libéral Cavour, qui tentera cette œuvre d'affranchissement des Italiens. Napoléon III, à qui le principe des nationalités était particulièrement cher et qui croyait à la « fraternité latine », prêta l'appui de ses armes à cette noble cause. Heureuses de combattre pour un idéal, les troupes françaises, de Montebello à Magenta, de Magenta à Solférino, poussèrent l'armée autrichienne au delà du Mincio. Il fallut cependant laisser la tâche inachevée, renoncer à rendre le territoire italien « libre des Alpes à l'Adriatique », car la Prusse menaçait la France. Les Mille de Garibaldi continuèrent l'œuvre qu'un changement d'alliance en faveur de la Prusse paracheva. En 1870, l'Italie une était définitivement créée, forte de l'assentiment des habitants dont des plébiscites avaient exprimé la volonté. La politique des Italiens était terminée ; celle du royaume d'Italie commençait.

Il va de soi que cette nouvelle période ne peut ressembler à la première. On aurait tort de croire que l'Italie d'aujourd'hui, parce qu'elle oppose aux revendications des Slaves du sud de l'ancienne Autriche-Hongrie des théories différentes de celles que les Italiens proclamaient naguère, pratique une politique changeante. Elle s'est simplement fixé un autre but, et ce but n'a jamais plus varié. L'Italie contemporaine sait précisément ce qu'elle veut et où elle va. Elle avance donc délibérément, sans détours, dans la voie qu'elle s'est tracée dés qu'elle eut achevé son Risorgimento. *Aujourd'hui comme hier, ainsi que le disait fort bien M. Tittoni,* « *la politique italienne conserve les mêmes buts qu'elle s'est toujours proposés et maintient la cohérence et la limpidité qui l'ont distinguée dans le passé* [1] ». *Pour bien saisir le sens de cette persévérance, il faut, de toute nécessité,*

---

[1] Tommaso Tittoni, sénateur, ambassadeur d'Italie à Paris : *Le Jugement de l'Histoire sur la Responsabilité de la Guerre* (Paris, 1916), page 16.

faire abstraction de tous les détails et n'accorder aux incidents de la route, changements d'alliance, ou, plus récemment, conflit italo-yougoslave, que l'importance secondaire de simples épisodes. Lorsqu'on aura ainsi observé cette politique, on comprendra qu'elle vise à la « grandezza » de l'Italie, ni plus ni moins, et l'on pourra, sans crainte de se tromper, préjuger de ses conséquences.

PREMIÈRE PARTIE

LA POLITIQUE ITALIENNE
JUSQU'EN 1914

LE BUT A ATTEINDRE

UNIFIÉE, devenue un État fort, une grande puissance même, l'Italie ne pouvait rester les bras croisés et se contenter de la situation acquise. Pour trouver l'emploi des énergies tendues par les luttes libératrices, pour fixer les directives de sa future politique, il suffisait à la jeune Italie de projeter sur l'avenir le grand passé des empires auxquels elle succédait : Rome et Venise. Les temples en ruines épars à travers les campagnes régénérées, les inscriptions qui disaient dans le marbre éternel la gloire d'Auguste et l'étendue de ses domaines, les palais somptueux encore des anciens doges, l'effigie du lion de Saint-Marc retrouvée tout le long de l'Adriatique, qui rappelaient la puissance maritime de la Sérénissime République, tout sollicitait l'action, tout montrait le but à atteindre.

« S'il est difficile à un État jeune, écrivait naguère M. René Pinon, de ne pas faire servir à l'expansion les énergies trempées dans la lutte pour l'émancipation, il est plus difficile de ne pas rêver du haut du Capitole. Les Italiens, en même temps qu'ils s'efforçaient de refaire un tout des membres disjoints de leur Patrie, retrouvaient le trésor intact des souvenirs du passé, ils s'en constituaient un patrimoine national d'où ils tiraient l'inspiration directrice de leur politique présente et de leurs ambitions d'avenir. La Rome païenne et la Rome chrétienne ont été la « tête du monde », la capitale de la civilisation. La voix de Gioberti, dans son livre *Il Primato*, qui est resté comme l'évangile de l'Italie ressuscitée, avait par avance revendiqué, pour la « troisième Rome », l'hégémonie de l'univers et posé, pour ainsi dire, sa candidature à l'empire[1]. »

De Gioberti à Tomaso Sillani, toutes les voix italiennes sont unanimes. Elles fixent le même but : reconquérir la place de Rome. « L'héritage de Rome ne sera recueilli que par les fils de Rome[2] » est le mot d'ordre. Il faut s'attacher à l'œuvre immense de ressusciter ce passé brillant. « Le tronc romain de l'empire a été brisé par l'aveugle barbarie. Mais ses racines sont toujours restées dans la fatale terre d'Italie. Elles ont donné le germe de la Papauté, des Communes, de la République maritime (Venise) et d'une Rome nouvelle[3]. »

On voit le large horizon vers lequel se dirige cette Rome nouvelle. Elle sent bouillonner dans ses veines la vigueur réveillée des anciens et, pleine de l'audace des jeunes à qui sourit la fortune, elle marche avec confiance à la réédification des empires écroulés.

« Sous la force latine de Rome, des Papes,

---

(1) René Pinon, *L'Empire de la Méditerranée* (Paris, 1912), page 23.

(2) Tomaso Sillani, *Mare Nostrum* (Milan, s. d., probablement 1916), page 220.

(3) *Ibid.*, page 220.

de Venise, aussi bien que sous la force
barbare des Goths, des Lombards, des Francs,
des Othons germaniques, des Byzantins, des
Hongrois, des Autrichiens, disait à Gênes, le
7 mai 1915, le poète Gabriel d'Annunzio, la
vie civile des côtes d'ici, comme celle des
côtes de là-bas, a constamment été d'origine et
d'essence italiennes. Elle l'a été, l'est et le
sera. Ce n'est pas l'Allemand des Alpes, ni le
Slovène du Carso, ni le Magyar de la Puszta,
ni le Croate qui ignore ou falsifie l'histoire, ni
non plus le Turc qui se masque d'Albanais, ni
aucun autre qui pourra jamais arrêter le
rythme fatal de l'accomplissement (del compi-
mento), le rythme romain. » Le destin s'ac-
complira inéluctablement, l'empire universel
surgira du passé, malgré tout et malgré tous.
« Que peuvent donc, s'écrie le Tyrtée italien, les
efforts des barbares contre la loi de Rome? »

Cependant la récupération de l'héritage de
Rome et de Venise était un but trop vague,
parce que trop vaste et trop général, pour une
politique positive. Il fallait le concrétiser,
ramener les données à un objectif plus tan-
gible, plus évidemment accessible. Sa position
géographique de péninsule avait assigné à

Rome le domaine de la Méditerranée, la domination de toutes ses côtes. L'Italie devait reconquérir ces biens et chasser les barbares de tous les rivages européens, africains ou asiatiques qu'ils avaient usurpés. Bismarck fut, sans doute, le premier à attirer sur ce point l'attention des Italiens, avant même qu'eût été achevé le *Risorgimento*.

« L'Italie et la France, écrivait en 1866 le chancelier de fer à Mazzini, ne peuvent pour leur avantage commun s'associer dans la Méditerranée. Cette mer est un héritage impossible à départager entre parents. L'empire de la Méditerranée appartient sans conteste à l'Italie qui possède dans cette mer des côtes deux fois plus étendues que celles de la France. Marseille et Toulon ne peuvent entrer en comparaison avec Gênes, Livourne, Naples, Palerme, Ancône, Venise et Trieste. L'empire de la Méditerranée doit être la pensée constante de l'Italie, l'objectif des ministres, la pensée fondamentale du cabinet de Florence[1]. »

---

(1) *Politica segreta italiana* (1863-1870). Recueil de documents publiés par M. DIAMILLA-MÜLLER, secrétaire de Mazzini (Turin, 1881).

Cette « pensée fondamentale » n'a cessé depuis lors de guider la politique italienne. C'est elle qui inspire le programme de la Grande Italie dès que l'unité est achevée. « Dans un avenir prochain, expose en 1873, dans un livre qui fit du bruit, Campo Fregoso, l'Italie groupera autour d'elle la plupart des nations européennes. Placées à brève distance de nos rivages, l'Égypte, Tripoli, Tunis et l'Algérie sont pour nous des colonies naturelles. C'est en vain que la France et l'Angleterre ont essayé de faire revivre l'époque glorieuse des Romains et de se substituer dans l'Afrique septentrionale au patronage naturel de l'Italie. N'oublions pas qu'il y a 15.000 Italiens en Égypte, que l'Algérie et Tunis en renferment un plus grand nombre et que, sur toutes les côtes, les arts, le commerce et l'industrie sont aux mains de la race italienne[1]. »

Lorsque Bismarck inspirait un tel programme, il avait son idée. Il comptait bien que

---

(1) Campo Fregoso, *Il Primato Italiano* (1873), page 169, passage cité par M. René Pinon dans *l'Empire de la Méditerranée* (Paris, 1912), page 29.

les compétitions auxquelles l'Italie se heurterait dans la Méditerranée obligeraient bientôt la nouvelle grande puissance à se rapprocher de la Prusse et à se « séparer de la France comme de son ennemie naturelle[1] ». Il ne se doutait cependant pas qu'un jour cette même politique méditerranéenne amènerait l'Italie à abandonner la Prusse, devenue l'Empire allemand, pour s'associer à la France.

---

(1) Ratti, *Le Alleanze d'Italia* (Milan, 1866).

II

Débuts de la politique méditerranéenne

Il ne fallait pas à Bismarck une extraordinaire perspicacité pour prévoir des conflits. Il était évident qu'avant de pouvoir, comme les Romains, dire de la Méditerranée « Mare Nostrum », l'Italie se heurterait à des intérêts étrangers, français et anglais notamment. La France possédait déjà, avec l'Algérie, une notable partie de l'Afrique septentrionale et, depuis le moyen âge, jouissait en Orient d'une influence reconnue. Elle devait donc la première se trouver sur la route de l'Italie.

A part, au début de 1871, un projet d'entreprise contre Tunis[1], la politique méditerra-

---

(1) Cf. René Pinon, ouvrage cité, page 28.

néenne de l'Italie fut d'abord toute négative.
Elle s'efforça d'empêcher ses rivaux d'aller
s'établir dans les lieux qu'elle convoitait,
notamment sur les terres tunisiennes où les
débris de l'antique Carthage affirment encore
la gloire conquérante de l'ancienne Rome. En
dehors de ce lointain souvenir, du reste, com-
ment la nouvelle Rome n'aurait-elle pas con-
voité cette rive africaine? « Tunis et Bizerte
aux mains de l'Italie, c'eût été la Méditerranée
coupée en son milieu, dominée fatalement par
la marine italienne...[1] » On peut juger du
désappointement, du dépit même que dut
éprouver Rome lorsqu'en 1881 Jules Ferry eut
la fâcheuse idée d'une campagne en Tunisie.
L'établissement du protectorat français sur la
régence de Tunis eut pour conséquences la
dénonciation par l'Italie de son traité de commerce avec la France et un rapprochement
plus intime de l'Italie et de l'Allemagne. Ce
rapprochement aboutit l'année suivante (1882)
à une alliance formelle. L'héritière de Rome et
de Venise prenait aux côtés de l'Empire alle-

---

[1] René Pinon, ouvrage cité, page 31.

mand et de l'Autriche-Hongrie la place que venait de quitter la Russie. La prévision de Bismarck se réalisait. Aigrie, poussée sans doute aussi par le chancelier de fer, l'Italie traduisit son dépit par de perpétuelles chicanes où se distingua particulièrement Crispi, Sicilien mâtiné d'Albanais.

Cette politique négative, toutefois, cette lutte à coups d'épingle contre « la sœur latine » n'avaient, on le reconnut bien vite, que des résultats négatifs eux aussi. Rome se résolut donc à un acte positif et, pour mettre le pied en Afrique, décida une opération en Abyssinie. En 1885 une escadre italienne pénétrait dans la Mer Rouge et tentait de s'emparer du port de Massaouah. Ce fut un échec, mais que l'habileté de Crispi put bientôt réparer. En 1889, en effet, l'Italie s'allia au négus Ménélik et obtint de lui, sur les rives de la Mer Rouge, une zone d'influence. L'Italie avait une première colonie qu'elle appela *Érythrée*. Elle s'y trouva vite à l'étroit et essaya de donner un peu plus d'extension à la zone concédée. L'intransigeant Ménélik cependant ne voulait rien entendre. Force fut de lui déclarer la guerre. Le général Baratieri commandait l'expédition qui fut coûteuse et se termina, le 1er mars 1896, par le sanglant désastre d'Adoua. La paix signée en novembre n'agrandissait en rien l'Érythrée.

Cette vaine campagne mettait le comble à la détresse financière dans laquelle se débattait la Péninsule. La guerre de tarifs menée contre la France, dans laquelle Crispi, au pouvoir depuis 1887, continuait à s'obstiner, conduisait le pays à sa ruine. L'industrie naissante du royaume et son agriculture avaient perdu leurs meilleurs débouchés. Partout la misère se faisait menaçante et ni l'Allemagne ni l'Autriche-Hongrie ne pouvaient remédier à la détresse de leur alliée. Rome reconnut que sa politique d'hostilité contre la France ne lui avait pas porté bonheur. Elle se décida donc à remplacer Crispi par le marquis di Rudini et, pour améliorer les finances de l'Italie, à se rapprocher de sa « sœur latine ». Le premier acte de ce rapprochement fut la signature, le 28 novembre 1896, de deux conventions par lesquelles l'Italie reconnaissait la situation de la France en Tunisie.

Deux ans plus tard, le 21 novembre 1898, un nouveau traité de commerce rouvrait à l'industrie et à l'agriculture italiennes les frontières de la France. « L'Italie respira : la corde qui l'étreignait et menaçait de l'étrangler se desserrait; son crédit se releva, le change baissa, la rente connut des cours meilleurs, l'atroce misère des provinces méridionales fut atténuée, les finances retrouvèrent des plus-values et les budgets des excédents[1]. »

C'est aussi, malgré l'inaltérable fidélité de l'Italie à la Triple Alliance, le début d'une ère de véritable « fraternité latine ». Les eaux du Pactole français ont apaisé les flots courroucés de la Méditerranée, où croisent en bonne amitié les nefs des sœurs réconciliées. En avril 1899, l'escadre française va dans les eaux italiennes saluer le roi Humbert. L'avènement de Victor-Emmanuel consolide encore cette utile entente. En avril 1901, sous le commandement du duc de Gênes, une escadre italienne vient à son tour saluer à Toulon le président Loubet. Une convention d'arbitrage est conclue en 1903 et d'amicales visites qui amènent tour à tour le roi d'Italie à Paris (1903) et le Président de la République française à

---

(1) René Pinon, ouvrage cité, page 40.

Rome (1904) semblent augurer un rapprochement définitif. C'est en tout cas une période de calme bienfaisant qui permet à l'Italie, sans difficulté, de prendre sa part de la côte des Somalis, consolidant ainsi sa situation dans la Mer Rouge.

III

Conquête de la Tripolitaine

L'ITALIE, retrouvant le bien-être intérieur avec l'amitié de la France, n'allait-elle pas s'endormir dans les délices de Capoue et oublier le grand but qu'elle avait fixé à ses destinées? Certes, la possession de colonies à la sortie du canal de Suez était précieuse, mais ni l'Érythrée, ni la Somalie ne donnaient *il primato*, la prépondérance dans la Méditerranée. L'affaire du Maroc vint à temps rappeler à la « troisième Rome » qu'elle devait aussi s'assurer une place au soleil africain sur les côtes septentrionales.

De longue date déjà, l'Italie avait choisi cette place, là-bas, le long du rivage des deux Syrtes, en face de l'Adriatique, dans cette région alors turque que les anciens appelaient la Lybie et que nous dénommons Tripolitaine et Cyrénaïque. La côte tripolitaine, sèche et aride, dont le vent projette quelquefois les sables brûlants jusque dans la Sicile, n'est pas à vrai dire un endroit idéal. La fertile Cyrénaïque, par contre, campée sur son plateau de Barka que les Arabes appellent le Djebel Akhdar, la montagne verte, est une oasis pleine d'attraits. Elle est mieux encore. « Le plateau de Barka occupe dans le bassin oriental de la Méditerranée une position très avantageuse, écrit M. René Pinon, à la solide compétence duquel il est bon de souvent recourir. Il se dresse comme un château fort en face du cap Matapan et des trois pointes de la Grèce, dont il est séparé par 600 kilomètres de mer coupés à mi-chemin par la Crète ; à égale distance de Malte et de l'Égypte, ses ports commandent la route de Suez et des Indes ; une station de torpilleurs qui y aurait son point d'appui maîtriserait la navigation dans toute la Méditerranée orientale. La côte, avec ses falaises abruptes, offre peu de bons refuges ; mais vers l'ouest, Benghazi, qui n'est actuellement qu'une rade foraine, pourrait devenir très sûre si on la fermait par deux jetées. A l'est se creusent plusieurs baies magnifiques : Ras-el-Halal, l'ancien Nausathmos, offre un abri même aux bâtiments de fort tonnage. Le golfe de Bomba pénètre au loin dans les terres ; protégé des vents du nord et de l'ouest par de hautes collines, il présente un très bon et très profond mouillage, que l'amiral Gantheaume utilisa en 1808 ; Rohlfs, qui l'a visité, déclare qu'il pourrait devenir le meilleur port de guerre de toute l'Afrique septentrionale. Plus à l'est encore, cachée derrière un promontoire rocheux et garantie de tous les vents par le rebord du plateau de Marmarique, la baie de Tobrouk enfonce dans le littoral ses profondes indentations ; Schwein-furth, qui l'a vue en 1883, la déclare vaste, sûre, profonde, la compare à celle de la Valette et au lac de Bizerte. Une puissance militaire euro-péenne qui serait maîtresse de la Cyrénaïque n'aurait donc que le choix pour établir, dans une position excellente, entre Bizerte, Malte, Messine et, d'autre part, l'Égypte et les Échelles du Levant, un port de guerre de pre-mier ordre. La nation qui le posséderait serait en mesure d'exercer une influence décisive sur les destinées de la Méditerranée[1]. »

---

[1] René Pinon, ouvrage cité, page 301.

C'étaient là des raisons suffisantes pour que l'Italie s'intéressât à ces côtes africaines. Dès 1885, le duc de Gênes avait, sans succès d'ailleurs, envoyé en Cyrénaïque une mission d'exploration et de colonisation. Lorsque l'industrie de la Péninsule eut pris plus d'extension, l'Italie fit porter son effort sur l'augmentation de son trafic avec la Tripolitaine. Elle y améliora et multiplia si bien ses services de navigation qu'elle finit par prendre le premier rang parmi les importateurs. A la fin de 1901, elle jugea même sa situation assez solide pour envoyer ses agents établir par la force un bureau de poste à Benghazi. Les deux Syrtes étaient devenues pour l'Italie une zone d'intérêt ; il fallait plus et mieux.

L'héritière de Rome s'employa donc à conquérir la Tripolitaine et la Cyrénaïque. En 1911, sans aucune provocation de la part de Constantinople, elle déclara la guerre à la Turquie. La campagne ainsi entreprise trouva dans certains milieux politiques italiens de rudes adversaires, surtout parmi les socialistes. Ceux-ci craignaient que la conquête envisagée ne coûtât autant de sang et d'argent que celle de l'Érythrée. « Mais, écrivait alors le *Gior-*

nale d'Italia (19 septembre 1911), leur pessimisme est un artifice inconsidéré; ils veulent ainsi barrer à la patrie la route de l'avenir. »

Le pessimisme de l'opposition ne se trompait pourtant point. La campagne de Tripolitaine fut aussi coûteuse que celle d'Abyssinie. L'opération contre une poignée de troupes turques exigea un grand déploiement de forces militaires et demanda de longs mois d'efforts stériles. Désappointée, la presse nationaliste d'Italie s'en prenait à tout le monde et surtout à la France. « L'Italie, qui s'étend dans la Méditerranée, écrivait la *Stampa* en février 1912, ne peut avoir qu'une ennemie naturelle, la France [1]. » Elle faillit pourtant avoir contre elle toute l'Europe en posant trop brutalement la question d'Orient. Faute de pouvoir réduire la Tripolitaine et la Cyrénaïque, déjà virtuellement annexées, sous le nom de Libye, le gouvernement italien fit bombarder les Dardanelles, puis, pour prendre des garanties, fit opérer un débarquement

---

[1] Cité par M. Auguste Gauvain dans *l'Europe au jour le jour* (Éditions Bossard, Paris 1917), tome III, page 366.

dans les principales îles de l'Égée : Rhodes, Stampalia et tout le Dodécanèse[1]. »

La première guerre balkanique vint heureusement obliger la Turquie, pour avoir les mains libres, à accepter la paix de Lausanne (18 octobre 1912). L'Italie put enfin réaliser son rêve et annexer définitivement la Libye que les troupes ottomanes devaient évacuer. L'affaire toutefois n'était pas terminée. L'Italie conservait les îles qu'elle avait occupées et où elle se trouvait bien, car, prétendait la *Stampa* du 25 juillet 1913, le général Ameglio, commandant des forces italiennes, « qui a la vue longue, surveillera de Rhodes les côtes de la Syrie ». Pour motiver cette prolongation d'occupation, on fit valoir d'abord que la Turquie n'avait pas évacué toute la nouvelle colonie italienne. « L'Italie ne peut envisager l'éventualité de la restitution des îles tant qu'un seul soldat turc restera en Libye », assurait le *Corriere della Sera* (2 août 1913). Ce que les Italiens redoutaient d'ailleurs le

---

(1) Les douze îles occupées sont : Stampalia, Rhodes, Casos, Scarpanto, Calchi, Simi, Piscopi, Visero, Calimno, Lero, Lipsos et Pathmos (orthographe du Livre Vert). Leur population est notoirement grecque.

plus, c'est que ces îles ne fussent données à
la Grèce qui les revendiquait. Elles eussent,
en effet, été irrémédiablement perdues, alors
que, si elles restaient en possession d'une Turquie appelée un jour ou l'autre à disparaître,
l'Italie pourrait trouver le moyen de se les
faire attribuer [1]. La presse découvre donc toujours des soldats turcs en Libye car, comme
l'écrivait la *Gazzetta del Popolo* (10 août 1913),
« il n'est pas impossible, en leur donnant au
besoin une pension, d'avoir quelques officiers
et réguliers turcs en Cyrénaïque ».

Le prétexte permettait de faire prendre
patience à tous ceux qu'inquiétait l'occupation
du Dodécanèse, à l'Angleterre surtout. « Si
l'une de ces îles passait d'une façon perma-
nente en la possession d'une grande puissance, déclarait le **12 août 1913** Sir Edward
Grey, des questions d'une grande importance
et d'une grande difficulté seraient soulevées...
La destination des îles de l'Égée intéresse
toutes les grandes puissances, aucune ne peut
s'en réserver une seule. » L'Italie rassurait

---

[1] Voir à ce sujet, dans *le Livre Vert italien*, le télé-
gramme du baron Sonnino en date du 12 février 1915, n° 22.

ces susceptibilités en affirmant que son occupation n'était que provisoire et qu'elle cesserait avec le départ du dernier soldat turc. Il lui suffisait, pour l'instant, d'avoir en sa possession la Libye tant convoitée, où personne ne pouvait plus « barrer à la patrie la route de l'avenir ».

La « troisième Rome » avait, par cette conquête, mis le pied sur cette Afrique septentrionale tant désirée. Elle avait achevé une première étape vers le but qu'elle s'était fixé. M. Giolitti, alors président du Conseil, fier d'une œuvre à laquelle plus que tous il avait contribué, avait raison, dans son discours du 27 novembre 1913, de marquer l'avance en disant : « Une nouvelle période s'est ouverte par l'acquisition d'une colonie destinée à assurer à l'Italie la place à laquelle elle a droit dans la Méditerranée. »

DEUXIÈME PARTIE

LA POLITIQUE ITALIENNE
PENDANT LA GRANDE GUERRE

1

EXPECTANTE NEUTRALITÉ

LORSQU'A la fin de juillet 1914, l'Autriche-Hongrie eut déclanché la guerre universelle, l'Italie occupait encore les îles du Dodécanèse. L'Europe avait alors autre chose à faire qu'à s'occuper de cette question de détail. Les deux partis belligérants observaient l'attitude de la Péninsule et se demandaient anxieusement de quel côté elle se tournerait. Certains croient que la « troisième Rome », nouvel âne de Buridan, hésita d'abord à fixer sa ligne de conduite. C'est une erreur.

L'Italie n'eut pas une minute d'hésitation. Elle avait, pour la guider, une étoile de première grandeur, l'intérêt supérieur de l'Italie qui exige l'héritage de Rome et de Venise, la maîtrise de la Méditerranée. C'est ce qu'exprimait fort bien M. Salandra, successeur de M. Giolitti à la présidence du Conseil, lorsqu'il disait le 18 octobre 1914 : « Ce qu'il faut, c'est nous affranchir de toute préférence, de tout préjugé, bref de tout autre sentiment que celui d'un égoïsme sacré (*sacro egoismo*) au profit de l'Italie. »

Il est facile de comprendre que cet « égoïsme sacré » ne pouvait se satisfaire dans une guerre entre deux groupes vers ni l'un ni l'autre desquels n'inclinait l'Italie. « La seule inclination des Italiens, disait encore le 5 décembre 1914 M. Salandra, c'est leur inclination pour l'Italie. »

Dans ces conditions, la seule conduite qui s'imposait était la neutralité. Cette expectative donnerait le temps de guetter l'événement favorable qui permettrait de réaliser « les intérêts vitaux » et les « légitimes aspirations » de la patrie.

Mais, comme le demandait un professeur

florentin, M. Gaetano Salvemini, au début de 1915, quels sont les « intérêts vitaux », quelles sont « les légitimes aspirations », à la réalisation desquels doit tendre aujourd'hui l' « égoïsme sacré ». de l'Italie[1]?

L'auteur italien note que « ni le Gouvernement qui a employé cette formule, ni la Chambre, ni le Sénat qui l'ont applaudie, ne l'ont jusqu'ici en aucune façon concrétisée ». Et il ajoute : « Tous ont accordé un vote de confiance au Gouvernement, mais chacun interprète à sa façon les oracles du Gouvernement. Les partisans de la Triplice espèrent que « l'égoïsme sacré » italien de l'honorable Salandra se tournera tôt ou tard contre l'Entente. Les adversaires de la Triplice assurent que les « légitimes aspirations » de l'honorable Salandra se dirigent sans hésitation vers le Trentin et vers l'Istrie. Le plus grand nombre attendent pour voir à la fin de quel côté soufflera le vent et choisir les « intérêts vitaux » de l'Italie. Si l'Entente vainc, nous prendrons la route de l'Autriche; si c'est le

____

[1] G. SALVEMINI, *Guerra o Neutralita* (Milan, 2 janvier 1915), page 3.

bloc austro-germanique qui triomphe, nous nous tournerons vers l'Afrique[1]. »

D'un côté comme de l'autre, en effet, la Péninsule avait des intérêts à faire valoir, des *terre irredente* à annexer. « Il n'est pas nécessaire en fait, écrit encore M. Salvemini, d'être versé dans les profonds secrets d'État pour savoir s'il convient aujourd'hui à l'Italie de rester désintéressée à la fenêtre à compter les coups que se portent les adversaires, ou bien s'il est plus utile d'accepter les invitations de l'Entente à intervenir pour abattre le pangermanisme et conquérir de meilleures frontières orientales et de nouvelles positions dans l'Adriatique, ou bien s'il serait plus utile de prêter l'oreille aux avances de l'Autriche et de l'Allemagne qui nous offrent la Corse, Nice, la Tunisie, l'Algérie[2]. »

L'Allemagne et l'Autriche-Hongrie, qui comptaient bien vaincre l'Entente, disposaient déjà en faveur de leur ancienne alliée de territoires français ou anglais que beaucoup d'auteurs italiens, voire des ouvrages scolaires,

---

(1) G. Salvemini, ouvrage cité, page 3.
(2) *Ibid.*, page 6.

classent parmi les « pays irrédimés » : la
Savoie, Nice, la Corse, Malte, la Tunisie, etc.
Les deux complices oubliaient que l'Autriche-
Hongrie elle-même détenait de ces « pays
irrédimés » et que la question serait de savoir
si « l'égoïsme sacré au profit de l'Italie » trouverait le Trentin plus avantageux que la
Savoie, Trieste préférable à Nice, l'Istrie
plus tentante que la Tunisie. Il convenait de
remarquer aussi, comme le faisait M. Mario
Alberti, que, « *sans renoncer à aucun des droits
que, dans son intérêt, l'Italie pourra, tôt ou
tard, faire valoir également sur la Tunisie,*
il est bon de faire une distinction très nette
et très précise entre les territoires italiens
qui sont encore politiquement détachés du
Royaume, mais qui pourtant sont *des régions
de l'Italie,* et les pays colonisés par des Italiens, mais qui se trouvent en dehors des frontières naturelles de la Patrie[1] ». Or, ces « frontières naturelles de la Patrie » ont les dents
longues et mordent très profondément dans
l'ancienne monarchie des Habsbourgs. Elles
se prolongent même au delà, jusque dans cette

---

[1] Mario ALBERTI, *Trieste* (Turin, 1915), pages 5 et 6.

Albanie où, en 1913 encore, l'Italie suivait avec un soin jaloux les mouvements de son « amie et alliée ». La plupart des écrivains italiens étaient donc d'accord pour reconnaître que, dans l'intérêt supérieur de la Patrie, trois sortes de raisons plaidaient en faveur de « l'annexion des côtes orientales de l'Adriatique » appartenant à l'Autriche-Hongrie, mais se trouvant dans « les frontières naturelles de l'Italie ». Il fallait, selon eux, conquérir cette « altra sponda » :

« 1° Pour des raisons découlant du pur et simple principe de l'intégrité nationale, de l'unité ethnique, conçu dans sa forme la plus absolue et la plus irréductible ;

2° Pour des raisons de récupération nationale jointes à de légitimes motifs stratégiques ;

3° Pour des causes nationales et militaires et, en outre, par la volonté d'assurer à l'Italie le trafic de l'Adriatique et de renforcer, en conséquence, sa position dans la Méditerranée et, partant, dans le monde[1]. »

----

(1) ***, *La conquista di Trieste* (Rome, 1914), page 5. — Voir aussi G. SALVEMINI, *Guerra o Neutralita* (Milan, 1915), et Mario ALBERTI, *Il Tornaconto della nostra Guerra* (Milan 1915).

Une autre raison non moins péremptoire s'ajoutait à celles-ci pour détourner l'Italie de ses Alliés : c'est que depuis le 7 novembre 1914 la Turquie s'était jointe à eux et que, sans parler du Dodécanèse, « l'égoïsme sacré » aurait trouvé une réelle satisfaction à voir réalisées « les légitimes aspirations » italiennes sur certains points de l'Asie Mineure.

Le Gouvernement italien cependant, pour affirmer sa bonne foi, entra en négociations avec le Gouvernement austro-hongrois, lui demandant de donner, par la cession de certains territoires, satisfaction à l'opinion italienne. Le ministre des Affaires étrangères d'Autriche-Hongrie se contenta d'offrir le Trentin[1]. C'était trop peu.

Il ne restait plus qu'à écouter le mot d'ordre lancé le 15 février 1915 par M. Mario Alberti, un des interventionnistes de la première heure : « Guerre à l'Autriche pour la sécurité, l'unité, l'avenir de l'Italie. »

____

[1] Voir le *Livre Vert italien*, nᵒˢ 64 et suivants.

II

La question de l'Adriatique.

Le 23 mai 1915, le Gouvernement italien déclarait donc la guerre à l'Autriche-Hongrie. Il s'agissait moins, comme on l'a vu, de rectifier les frontières septentrionales de l'Italie par l'incorporation du Trentin, obtenable sans guerre, que de la possession de l'Adriatique, c'est-à-dire d'une partie de l'héritage de Rome et de Venise. « C'est pour l'Adriatique, écrit avec lyrisme M. Tomaso Sillani, que l'Italie combat sa guerre ; c'est pour l'Adriatique qu'elle vaincra. Aucun argument subtil, aucune violence ouverte, aucune louche embûche ne saurait arrêter la marche romaine de notre revendication. Car l'Adriatique est nécessaire à notre sécurité et à notre puissance dans le monde[1]. » L'Adriatique, n'est-ce pas la

---

[1] Tomaso Sillani, ouvrage cité, page 223.

mer romaine par excellence, celle qui permet de dominer la Méditerranée ? « Rome dirige ses navires vers cette mer, après les premières guerres puniques ; elle combat et détruit la piraterie illyrienne ; elle fait de l'Adriatique une mer latine. Sous la domination de Rome, ses rives prospèrent, fleurissent. Les Illyriens... deviennent latins ; ils donnent à Rome des soldats et des empereurs. En huit siècles de *pax romana*, la Dalmatie connaît toute la splendeur d'une civilisation dont témoigne encore le *Palatium* de Dioclétien, d'où Spalato prit naissance, et d'autres vestiges superbes qui laisseront à Venise une bonne semence de refécondation[1]. »

« Aujourd'hui, c'est Rome qui revient sur ses routes. Le cercle de la fatalité se ferme. Respectez la volonté de la grande Mère, ô Latins ! C'est la civilisation latine qui reprend son office d'harmonie, de force, de beauté[2]. »

Afin que la civilisation latine fût assurée de pouvoir, comme il convient, remplir « son

---

[1] Italicus SENATOR, *La Question de l'Adriatique* (Rome, 1916), page 10.
[2] Tomaso SILLANI, ouvrage cité, page 228.

office d'harmonie, de force et de beauté » sur l'Adriatique, le marquis Imperiali, ambassadeur d'Italie à Londres, avait, le 26 avril 1915, sur les instructions de son Gouvernement, communiqué aux grandes puissances de l'Entente, c'est-à-dire à la Grande-Bretagne, à la France et à la Russie, un memorandum que l'on désigne généralement sous le nom de *traité de Londres*. Ce document devait rester secret, mais les bolcheviks russes le divulguèrent. Selon le texte publié en France par l'Agence Havas, il était stipulé que, par le traité de paix, l'Italie recevrait au détriment de l'Autriche : 1° le Trentin jusqu'au Brenner ; 2° le Comté de Gorizia et de Gradisca ; 3° Trieste et toute l'Istrie ; 4° la Dalmatie ; les îles dépendant de l'Istrie et l'archipel dalmate presqu'au complet, et qu'enfin le district albanais de Valona, déjà occupé militairement depuis le 26 décembre 1914[1], lui serait définitivement attribué[2].

Certains Italiens de la glorieuse époque du

---

[1] Cf. *Livre Vert*, n° 21.

[2] Voir à l'annexe 2 le texte complet du traité de Londres qu'il est intéressant de comparer avec l'aide-mémoire présenté à l'Autriche-Hongrie (annexe I).

Risorgimento avaient déjà pensé à toute cette région du Trentin et à celle de Gorizia, Gradisca, Trieste et l'Istrie. Pour rappeler que ces territoires avaient jadis été sous la dépendance de la conquérante Venise, le professeur Ascoli, en 1866, avait proposé qu'on les baptisât d'un nom plus purement italien. Gorizia, en effet (du slave *gora*, mont), et Gradisca (du slave *grad*, bourg, château) sentent trop leur origine étrangère. Il soumit donc, le 7 juin 1866, au *Reale Istituto Lombardo di Scienze e Lettere* (Classe di Lettere e Scienze morale et politiche) une note qu'il intitulait : *Les Vénéties*. « Pour désigner par un terme unique, approprié et opportun, y disait-il, tout ce qui manque encore à l'Italie nord-orientale, la géographie, l'ethnologie, l'histoire et les usages de notre langue nous suggèrent le nom que nous avons placé en tête de cette note : les Vénéties. Nous appellerons donc *Vénétie proprement dite* le territoire compris dans les présentes frontières administratives des provinces vénitiennes ; nous appellerons *Vénétie trentine* ou réthique (il vaut mieux trentine) le territoire qui s'étend jusqu'aux Alpes trentines ; et la *Vénétie julienne*

(Venezia Giulia) sera la province qui, entre la Vénétie proprement dite, les Alpes juliennes et la mer, renferme Gorizia, Trieste et l'Istrie[1]. » Et l'auteur de la proposition, demandant qu'une carte portant ces noms fût dressée, ajoutait : « Nous nous croyons sûrs du bon effet d'un tel baptême[2]. » Il avait raison, le baptême eut un réel succès auprès des Italiens. Il en eut un moins grand parmi les Yougoslaves (Slovènes, Serbes et Croates) de cette Vénétie julienne à laquelle aujourd'hui les revendications italiennes rattachent même le port et le district de Fiume.

Si, en décembre 1864, l'avocat Molinari, député, adressait au parlement national italien « une lettre accompagnée d'une protestation des Triestins au président du Conseil contre l'incorporation de Trieste à l'Italie[3] », c'est aujourd'hui toute une nombreuse population slave qui proteste. Dès qu'eut disparu l'Autriche-Hongrie, ces Slaves, qui sous trois noms diffé-

---

[1] *Reale Istituto Lombardo di Scienze e Lettere. Rendiconti*, vol. III, fasc. VI, Milan, 1866 ; page 147.

[2] *Ibid.*, page 178.

[3] *Ibid.*, page 155, note 3.

rents forment un seul peuple, s'étaient groupés autour de la Serbie et du Monténégro pour former un seul État, le Royaume des Serbes, Croates et Slovènes, sur lequel ils fondaient les plus belles espérances. Ils étaient pleins d'illusions sur la vertu des grands principes. Le fameux droit des nations à disposer d'elles-mêmes leur apparaissait encore comme le « Sésame, ouvre-toi » de l'avenir. Ils pensaient naïvement qu'à la simple énonciation de ce « droit » les portes de la Liberté allaient s'ouvrir toutes grandes devant eux dans tous les pays qu'ils habitent. Les grands enfants ! On voit bien qu'ils ont un État tout neuf et qu'ils ne savent pas encore ce qu'est la diplomatie. Peut-on vraiment être assez simple pour s'imaginer qu'un principe, aussi beau, aussi juste soit-il, a plus de valeur qu'un traité secret ? Certes, ils n'ignoraient pas ce pacte, car c'était le secret de Polichinelle, et l'ancien régime austro-hongrois n'avait pas manqué de le divulguer, mais ils étaient assez peu diplomates pour croire que, conclu contre l'Autriche-Hongrie, il cessait d'être valable puisque l'Autriche–Hongrie n'existait plus, d'autant qu'il était contraire aux fameuses propositions du Président Wilson acceptées par tous les belligérants, notamment au 9ᵉ point, qui dit : « Une rectification des frontières italiennes devrait être effectuée suivant les limites des nationalités clairement reconnaissables. »

Ces Yougoslaves ont donné bien d'autres preuves de leur naïveté. « Le principe des nationalités, s'étaient-ils dit, qui a contribué à former l'unité italienne, contribuera aussi à former la nôtre. Nous pourrons donc, par la simple application de ce principe admis de tous, grouper sous un même gouvernement toutes les régions où nous formons la majorité. Il ne serait pas juste, en effet, qu'une majorité ethnique fût soumise à la volonté d'une minorité. » Et ils étaient partis de là pour faire de beaux rêves, comme la Perrette de La Fontaine. Ils mesuraient déjà dans leur pensée l'étendue de leur État.

« Nous aurons le Comté de Gorizia, car dans le district de Gorizia les Slovènes forment 92,66 °/₀ de la population, dans celui de Sesana, 98,07 °/₀ et dans celui de Tolmino 99,52 °/₀. On y ajoutera sûrement une bonne partie de l'Istrie, au moins le centre et la côte orientale, puisqu'aussi bien nous y sommes la majorité absolue, la quasi-totalité, et que dans l'ensemble de toute cette province, nous arrivons encore à 57,79 %. Peut-être même pouvons-nous espérer avoir Trieste, car, si la ville est italienne, nous y vivons en nombre respectable et l'entourons de toutes parts. Dès le 29 mai 1881 d'ailleurs, un homme politique italien de haute valeur écrivait à ce sujet :

« Sa population est mixte comme toute celle qui avoisine notre frontière orientale. Revendiquer Trieste comme un droit serait une exagération du principe des nationalités[1]. »

Si nous n'avons pas Trieste, il est incontestable que nous aurons toute la Dalmatie et ses îles où, sur une population de 645.000 habitants, nous sommes 610.000. Il en sera de même de la Croatie-Slavonie entièrement yougoslave. On ne pourra, comme l'ont fait les Magyars, nous enlever l'agglomération de Fiume où nous ne sommes que 42,90 %, mais où les autres « sont cernés par les Croates et les Slovènes qui tiennent l'amphithéâtre mon-

---

[1] Article paru dans la *Rassegna Settimanale* sous la signature de M. Sonnino et cité par M. A. Chervin (*l'Autriche et la Hongrie de demain*, Paris, 1915, page 77).

tagneux et le karst », comme l'écrit un savant français[1]. La Bosnie et l'Herzégovine enfin se joindront à la Carniole, à la Styrie méridionale, à la Medjumurie, à la Backa et à une partie du Banat pour former, avec la Serbie et le Monténégro, le grand Royaume des Serbes, Croates et Slovènes. D'ailleurs, l'Italie elle-même a reconnu notre bon droit puisque, le 9 septembre 1918, le Gouvernement italien communiquait à l'Entente la déclaration suivante : « Le Conseil des Ministres a l'honneur d'informer les puissances alliées que le Gouvernement italien considère l'effort des peuples yougoslaves pour conquérir leur indépendance et pour se grouper en un État unique et libre comme conforme aux principes pour la réalisation desquels l'Entente combat et aux conditions d'une paix juste et durable. »

Les rêveurs slaves des Balkans s'imaginaient qu'ils avaient pour eux le droit puisque dans ces régions ils ont le nombre, puisqu'ils ont pour eux la volonté de plus d'un million d'indi-

---

[1] Bertrand Auerbach, *Les Races et les Nationalités en Autriche-Hongrie* (2° édition revue, Paris, 1917), page 458. Voir, annexe 4, les données statistiques touchant ces régions.

vidus qui veulent être libres et « puisque depuis
1859 et 1860, l'élément italien était si peu
important qu'il ne pouvait se défendre en face
des autres nationalités agglomérées, ni aspirer
à aucun développement[1] ». Ils oubliaient le
droit de Rome. « Aucun droit n'est plus sacré
que son droit. Il faut que Rome atteigne son
but, son juste but d'*Impero*. Et le Monde aura
enfin la paix[2]. »

La vraie *pax romana* n'a rien à voir avec le
nombre. « Nous croyons que le simplisme
arithmétique avec lequel on pense arriver à
résoudre toutes les questions inhérentes au
principe des nationalités est une erreur très
grave. Ce qui paraît simple est au contraire
exceptionnellement complexe de par sa nature.
Les questions nationales ne peuvent presque
jamais être réduites à une valeur purement
numérique, même si ce n'était que pour la
commodité de leur solution ; la *nation* et la
nationalité ne se conçoivent pas abstraitement,
en dehors de la réalité géographique dont elles
sont inséparables, de la réalité historique qui

____

(1) *Livre Vert italien*, n° 10.
(2) Tomaso SILLANI, ouvrage cité, page 224.

leur a donné naissance et enfin de cette relativité qui augmente ou diminue leur importance, selon le corps moral auquel elles se rapportent[1]. »

La « réalité géographique » veut que l'Italie puisse « arriver jusqu'aux limites sacrées que la nature a tracées ». Or, « la Mer Adriatique est la continuation de la plaine du Pô et fait partie de l'Italie tout comme un lac ou un golfe compris dans l'intérieur de son territoire[2] ». La structure géologique des deux côtes est d'ailleurs identique. Mais que quelqu'un ne s'avise pas de dire qu'à ce compte les Slaves pourraient demander l'annexion de la Plaine du Pô qui, géographiquement et géologiquement, fait corps avec leur territoire. Il s'entendrait répondre qu'il y a aussi la « réalité historique » qui, incontestablement, attribue à l'Italie la maîtrise de l'Adriatique à cause de la « domination plusieurs fois séculaire exercée sur cette mer par Rome et Venise[3] ».

Il y a enfin « cette relativité qui augmente

---

(1) Italicus SENATOR, ouvrage cité, page 4.
(2) *Ibid.*, pages 5 et 7.
(3) *Ibid.*, page 9.

ou diminue » l'importance des individus « selon
le corps moral » auquel ils appartiennent et
qui fait qu'un illettré de la Calabre, descendant
des Romains, est mille et mille fois supérieur
à un savant yougoslave, qui n'a pas d'aïeux
dans l'antiquité. Y aurait-il donc des millions
et des millions de ces Yougoslaves que l'héritière de Rome et de Venise aurait le droit de
les incorporer. Inutile, par conséquent, de
soutenir que, contrairement aux affirmations
du mémoire officiel présenté aux conférences
de paix, l'Italie compterait beaucoup plus de
3 °/₀ d'allogènes ! Qu'importe qu'en ajoutant
aux 56.944 Slovènes et Serbes qui s'y trouvent
déjà[1] et qui, bien que ne possédant ni écoles,
ni droits particuliers, continuent à parler leur
langue nationale, les 1.075.100 qu'elle incorpo-
rait, on arrive au total de **1.132.044** Yougoslaves ! Qu'importe qu'il faille encore augmen-
ter ce chiffre du nombre des Français de la
vallée d'Aoste, des Allemands de l'Italie septentrionale et du Tyrol ! Qu'importe si un tel
argument pourrait aussi bien servir à l'Alle-

----

[1] Voir l'*Annuario statistico italiano 1914*, page 28.

magne pour réclamer 2 ou 3 millions d'allogènes ! Qu'importe tout cela. « Il y a, comme
l'écrivait le 4 avril 1915 le *Giornale d'Italia*,
que l'on dit être l'organe du baron Sonnino,
des considérations d'ordre politique qui do-
minent toutes les questions de nationalités,
quelles qu'elles soient. »

Ces considérations politiques exigent que,
pour son avenir, l'Italie soit maîtresse de
l'Adriatique. « Par l'annexion de la Vénétie julienne, en résumé, l'Italie résoudra les deux
principaux problèmes de sa politique étrangère : la domination de l'Adriatique et la prépondérance dans la Méditerranée[1] ». Ayant
« la côte orientale de l'Adriatique pour base
d'appui[2] », les Italiens pourront facilement
coloniser l'Asie Mineure, car « c'est du Golfe
de Venise que partaient les navires à destination de l'Orient[3] ».

---

(1) Mario Alberti, *Trieste* (Turin, 1915), page 31.
(2) Virginio Gayda, la *Dalmazia* (Turin, 1915), page 16.
(3) Tomaso Sillani, ouvrage cité, page 223.

III

La question d'Orient.

La possession totale de l'Adriatique con-
firme la nécessité qu'a l'héritière de
Rome et de Venise de revendiquer une
large place en Asie Mineure. Tous les Italiens
sont d'accord sur ce point du programme de
la Grande Italie. « L'Adriatique est pour l'Italie
la grande route de l'Orient, écrit l'amiral
Thaon di Revel à M. Witney Warren, comme
la mer Tyrrhénéenne est la grande route vers
les deux Amériques. C'est la voie où les Vénitiens concentrèrent tous leurs efforts, celle qui
leur permit le négoce et la richesse[1]. » L'Italie
doit avoir cette route, reconquérir ces richesses,

---

(1) Witney Warren, citoyen américain, membre de l'Ins-
titut, *L'effort militaire de l'Italie* (Paris, 1919), page 13.

« car la fonction historique du Lion de Saint-Marc doit ressusciter et revivre à l'heure où l'Adriatique sera vraiment le « Mare nostrum » tant désiré, véhicule formidable de notre expansion en Asie Mineure, où les principaux ports conservent encore aujourd'hui les traces ineffaçables de la grandeur et de la puissance passées de la Sérénissime, comme l'écrivait un anonyme italien en 1914[1] ». Le 26 mars 1914, le *Corriere della Serra* précisait davantage : « Notre pays, disait-il, doit viser, en prenant Adalia pour centre, à étendre son activité non seulement dans la zone de cette partie de l'Asie vers laquelle elle se tourne actuellement, mais encore à travers la Pamphilie et la Cilicie. »

Aussi, dès que l'Italie s'est rangée parmi les adversaires de l'empire ottoman, entend-elle des voix tentatrices qui l'engagent à prendre sa part des dépouilles de *l'homme malade*. « Tourne les yeux, Italie, vers l'Orient, conseille M. Tomaso Sillani, et reconnais les signes de ton droit. Mesure de l'Hellespont à l'Issique

---

[1] *** *La Conquista di Trieste* (Rome MCMXIV), pages 37 et 88.

les limites du nouvel empire qui est dû à ta grandeur. Vois les rivages de la Troade, les îles fleuries, les abords de la Mysie et, au fond d'un golfe sûr, le divin sourire de Smyrne, vois dans la Carie les ruines qui portent ton empreinte ; dans la Pamphilie, le mausolée romain d'Adalia ; en Cilicie, la colonnade nue de Séleucie. Parmi l'enveloppement des antiques forêts, reconnais les villes ensevelies qui, avec leurs noms, dorment dans une ombre profonde. Et réjouis-toi superbement[1]. » C'est-à-dire que l'Italie recevrait en Asie Mineure « la zone méditerranéenne avec les ports de Smyrne, Adalia, Mersina et Alexandrette[2] ».

Les signes du droit de l'Italie sur l'Anatolie sont aussi nombreux, aussi variés et aussi justes que ceux qu'elle possède sur les côtes de l'Adriatique. Plusieurs auteurs les ont exposés et M. Roberto Paribeni les a fort clairement résumés. La péninsule italique a d'abord pour elle sa position géographique. « De toutes les

---

[1] Tomaso SILIANI, ouvrage cité, page 221.
[2] M. VACCARO, deputato al Parlamento, *Il Problemo della Pace et del futuro Asseto Mondiale* (Turin, 1917), page 176.

grandes puissances, dit M. Paribeni, on peut dire que l'Italie est la plus voisine de la Turquie ; la Russie, il est vrai, a des frontières communes avec l'Empire ottoman, mais ce sont les régions de l'extrême périphérie des deux immenses empires par lesquelles ils se touchent. Notre péninsule s'allonge tout entière dans la Méditerranée et tout entière elle s'incline vers le Levant. La Libye, les Sporades méridionales continuent l'orientation, la polarisation de l'Italie vers le Levant ; Brindisi, Syracuse, les meilleurs, pour ainsi dire, de nos ports naturels, Augusta, Tarente, les meilleurs sièges de notre force navale, s'ouvrent, eux aussi, au soleil levant. Au nord, nous enferment d'âpres chaînes de montagnes ; à l'occident, nous avons créé de superbes ports et leur avons donné une vie luxuriante, mais ils s'attendent à des rivalités, à une concurrence de plus en plus âpre plutôt qu'à des voies ouvertes et lucratives.

« Ainsi donc, comme le montre la géographie, comme l'expose l'histoire, toutes nos relations les plus importantes, les plus utiles, on peut même dire les plus essentielles à la vie et à la prospérité de notre pays, c'est toujours avec les pays du Levant que nous les avons eues[1]. »

Outre les titres géographiques, la « nouvelle Rome » a aussi pour elle des droits historiques. On ne saurait certes nier la part prise par l'ancienne Grèce au développement de l'Asie Mineure. Les ruines qu'on y rencontre attestent la grandeur de la tâche accomplie par Athènes. Mais, « s'il est possible, la richesse de l'Asie Mineure s'accroît encore ou, tout au moins, se répartit avec un meilleur équilibre lorsque cette vaste région est occupée par Rome. Les monuments romains d'Asie Mineure sont d'un grandiose et d'une abondance impressionnants. Il me semble pourtant que, plus encore que ces restes si grandioses, parle avec une dramatique éloquence l'histoire même de Rome qui, dans la conquête de l'Asie Mineure, a atteint la plus grande crise de sa grandeur et comme l'apogée de sa maturité ainsi que le commencement de son bouleversement... Quand ensuite, à cause de la fatale décadence des institutions et des hommes, à cause de la multitude des ennemis extérieurs

---

[1] Roberto PARIBENI, *L'Italia e il Mediterraneo orientale* (Rome, 1916), page 22.

et intérieurs, les énormes difficultés de l'État romain commencent à donner des signes de lassitude et de fatigue, c'est encore le poids économique de l'Orient qui attire à lui l'Empire. On néglige même l'Italie et Rome pour sauver les provinces plus riches de l'Empire, les seules qui, par leur inépuisable fertilité, permettent encore de vivre au colosse affaibli.

« Et dans l'immense misère qui pèse sur la péninsule italique, pendant le moyen âge, seules réussissent à se sauver les villes qui entretiennent des relations commerciales avec le Levant. C'est par ses relations qu'Almafi et Pise d'abord retrouvent dignité et puissance ; et plus tard, Gênes et Venise, Florence et Luques, réveillant enfin l'antique esprit d'industrie et d'aventure, atteignent à une prospérité telle qu'il est presque impossible de la concilier avec la petitesse de leur territoire. Chacune de ces villes a plus d'argent, plus de puissance, plus de possessions que le royaume de Castille ou le royaume d'Angleterre[1]. »

Depuis l'ancienne Grèce, plusieurs puis-

(¹) Roberto Palmieri, ouvrage cité, pages 27 et 29.

sances ont fait beaucoup dans le Levant, mais l'Italie... « C'est sous notre empire, énumère M. Paribeni, que pendant huit siècles s'était placé tout ce qui se trouve à l'est de l'Égée; ces lois sages, c'étaient les nôtres; ces puissants travaux publics, ces routes, ces voies fluviales, ces ponts qui rendirent ces régions si admirablement fertiles, étaient à nous; le sang des légionnaires de Scipion et de Vespasien, c'était le nôtre; les croisades de Bohémond et de Tancrède, c'étaient les nôtres[1], comme les navires génois et vénitiens; c'est de nous que vient l'institution des consuls et des orateurs qui opposent la majesté du droit à la force et à l'arbitraire des autorités turques; c'étaient des nôtres, les héroïques défenseurs de Chypre et de Candie.

« C'est de nous que viennent les grandes et les petites choses. Des milliers d'inscriptions parlent dans toute l'Asie des sages et bienfaisantes mesures, des grandes œuvres d'utilité publique, des forts et courageux exploits des

---

[1] Les Bohémonds étaient seigneurs normands, mais qu'importe à l'auteur italien puisque c'étaient des « frères latins », comme Scipion et Vespasien.

empereurs, des proconsuls romains, des capitaines, des provéditeurs vénitiens[1]. »

Il faut faire revivre ces brillantes époques où la terre appartenait aux habiles et aux forts. Il faut « reconquérir à la civilisation les régions du Levant qui ont été le berceau de cette civilisation. Athènes a été ressuscitée; Alexandrie a été ressuscitée, nous devons ressusciter Antioche et Jérusalem, Ninive et Babylone. Personne ne peut, pour participer à une telle œuvre, présenter de meilleurs titres que l'Italie, ni y avoir de plus grands intérêts[2]. »

Les grandes puissances ont naturellement une foule de bonnes raisons à faire valoir pour réclamer un lambeau de la Turquie. « Mais, à mon avis, tranche M. Paribeni, l'Italie plus qu'aucun autre pays a des raisons et la nécessité de s'assurer une part en cas de démembrement de l'Empire ottoman. Ces raisons, c'est son voisinage immédiat, l'écrasante supériorité de ses titres historiques, le notable ensemble de ses intérêts actuels et c'est qu'aucun autre

---

(1) Roberto Paribeni, ouvrage cité, pages 52 et 53.
(2) *Ibid.*, page 37.

pays d'Europe ne possède dans le Levant un gage aussi précieux que l'Italie avec Rhodes[1]. » Voilà d'irréfutables arguments ; la Grèce, si proche de l'Asie Mineure, si intéressée dans la question d'Orient, ayant comme gages tant d'îles de la côte et possédant tant de congénères en Anatolie, ne saurait sans doute en faire valoir de meilleurs. Il est vrai qu'il y a encore la « nécessité, à cause de la désavantageuse situation géographique de la Péninsule italique... Il faut, ajoute l'auteur italien, que nous ayons sous la main, à l'intérieur de la Méditerranée, tout ce qui est indispensable à la vie. Les choses de première nécessité sont pour nous le charbon, le coton et le grain. » Le charbon, on peut à la rigueur le remplacer par des forces hydrauliques ou l'importer par le nord ou l'ouest. « La question du grain est plus grave. Nous ne pouvons en acheter au delà des Alpes, nous ne pouvons le remplacer, nous ne pouvons en espérer de nos terres plus que nous réussissons à en tirer présentement, ce qui, comme chacun sait, est

____

(1) Roberto PARIBENI, ouvrage cité, page 42.

de beaucoup inférieur à nos besoins. Si nous voulons éloigner de nous pour toujours le péril d'être affamés, nous devons, à l'intérieur de la Méditerranée, nous constituer un grenier sûr. La Libye, que d'impérieuses raisons d'équilibre politique nous obligent d'assurer à notre domination, n'arrivera probablement jamais, ou seulement après la solution d'ardus et graves problèmes hydrauliques, à produire des céréales en quantité suffisante pour l'exportation.

« Mais l'Anatolie méridionale, pour ne parler que du traité par lequel existent et sont déjà reconnues nos hypothèques, ne manque que de bras et d'intelligence humaine, et à peine ceux-ci lui seront-ils fournis que, le lendemain, elle produira plus qu'il ne faut. Dans la Carie, dans la Pamphilie, sur les meilleures étendues des plateaux de la Lycie et de la Pisidie et dans les plaines de la Cilicie, on cultive le froment d'une façon rudimentaire, sans faire usage du fumier, de l'assolement, qui enrichissent le terrain; on arrive à y obtenir un rendement de cinquante pour un, alors qu'en Italie les terrains les plus riches n'atteignent pas vingt pour un. Les proportions sont

encore meilleures pour l'orge, le maïs et surtout pour les légumes. Dans les plaines de la
Cilicie, la culture du coton donne les plus
excellents résultats. Ayant en main l'Anatolie
méridionale, possédant une bonne flotte,
l'Italie sortira facilement de son infériorité,
elle obtiendra une véritable indépendance, car
elle n'aura plus jamais à craindre d'être prise
ou réduite par la famine[1]. »

Depuis longtemps d'ailleurs l'Italie a, dans
ces régions, posé de sérieux jalons et même
tracé sa voie. C'est ainsi que le district
d'Adalia, malgré tous les efforts de l'Autriche
pour supplanter son « amie et alliée », a subi
une forte influence italienne. « Tous les Ada-
liotes qui doivent se déplacer voyagent sur un
bateau à vapeur italien; ceux qui se sentent
malades courent chez un médecin italien; on y
écrit sur des cartes postales illustrées italiennes; on y boit du vermouth, on y mange
du macaroni, et tous les gamins d'Adalia, devenus les amis des marins italiens... savent une
cinquantaine de mots, aussi bien parlemen-

---

[1] Roberto PARINI, ouvrage cité, pages 42, 43, 44, 45.

taires que peu parlementaires, des dialectes italiens les plus variés[1]. »

Ce sont là sans doute des titres fort sérieux. Ils suffiront peut-être à montrer que « l'on doit reconnaître la justesse des aspirations italiennes antérieures à la guerre sur la zone qui, partant d'une des dépressions du golfe de Scalanova, suit le sud du chemin de fer anglais d'Aïdin et le sud du Mendere-Su (Méandre), touche au lac d'Egerdir, descend au sud du secteur Konia–Adana de la ligne allemande de Bagdad et va se terminer dans le golfe d'Alexandrette, tout au moins juqu'au port d'Immurtalyk ou Ajasc, à l'ouest d'Alexandrette », port qui est, paraît-il, nécessaire à l'Italie[2]. Dans le cas probable où l'on internationaliserait le chemin de fer de Bagdad, il faudrait également songer à la part de Rome. « On doit aussi nous accorder le contrôle d'une partie de la ligne, réclame M. Paribeni. La plus convenable pour nous serait sans doute le secteur Konia-Portes de Cilicie, avec les embranchements de Mersina-Alexandrette, qui

---

[1] Roberto Paribeni, ouvrage cité, page 57.
[2] Ibid., page-62.

s'ajouterait à notre zone sans léser aucun des droits acquis par les autres[1]. »

En tout état de cause, les droits de l'héritière de Rome et de Venise sont des droits sacrés. Il ne faut pas les oublier, même pour renforcer la situation d'un petit pays essentiellement méditerranéen comme la Grèce. « Nous devons tenir un juste compte des nécessités de notre expansion, rappelle M. Paribeni à ses compatriotes, des très graves raisons d'équilibre avec les autres États, de notre droit sacré d'atteindre à une plus haute fortune[2]. »

---

[1] Roberto PARIBENI, ouvrage cité, page 63.
[2] *Ibid.*, page 455.

LA POLITIQUE ITALIENNE
DE DEMAIN

I

PAX ROMANA

LA grande guerre est finie. L'effort collectif des soldats de l'Entente a acculé l'ennemi à la défaite. Le sang de millions et de millions de héros n'a pas coulé en vain..., l'Italie a assuré la victoire. Glorifions donc l'Italie dans notre *Te Deum* ; élevons nos louanges à la hauteur de celles que lui décerne sa presse, car « la Marne n'existerait pas sans la loyale neutralité de l'Italie ; Verdun ne s'explique pas sans Gorizia ; sans le Piave, on ne peut s'expliquer Paris sauvé une seconde fois en 1918; sans la bataille de Vittorio Veneto, il n'y aurait pas eu l'armistice germanique du 11 novembre », comme daignait l'expliquer, le 8 janvier 1919 à ses auditeurs du théâtre Washington de San-Francisco, le citoyen Carlo Bazzi, membre de la Mission italienne du Travail en Amérique[1]. « Nous avons levé pour l'Entente plus de cinq millions de soldats, amplifiait récemment Gabriel d'Annunzio, nous avons lutté d'année en année avec un dévouement qui s'élargissait à mesure qu'on nous réduisait les aides promises. Nous n'avons pas fait la guerre seulement à l'Autriche, ayant pris sur nous seuls la très dure tâche que nous avait abandonnée la trahison russe. Nous avons fait la guerre aussi à l'Allemagne, à la Turquie, à la Bulgarie. En même temps que sur nos frontières, nous avons lutté sur tous les champs : en France, en Albanie, en Macédoine, en Palestine, en Sibérie. Au lieu de venir à bout de l'Empire austro-hongrois défensivement, nous l'avons assailli et détruit en bataille rangée, hâtant par notre

---

[1] Discours reproduit dans *Il Rinnovamento*, supplément au n° 1 (8 mars 1919), page 57.

victoire la reddition de l'autre adversaire et le
plein triomphe de nos alliés[1]. »

Nous ne discuterons ni avec le citoyen Carlo
Bazzi, ni avec le poète Gabriel d'Annunzio la
part respective de chacun des alliés dans la
victoire. Nous ne demanderons pas si l'article 11 du traité de Londres n'obligeait pas
l'Italie à mener la guerre, avec tous les moyens
dont elle dispose, non pas contre la seule
Autriche, mais contre tous les États en guerre
avec l'Entente. Nous ne chercherons pas à savoir
si les victoires, autant yougoslaves que serbes
et grecques, en Macédoine ; si la résistance
d'abord, la révolution ensuite des Tchécoslovaques et des Yougoslaves, à l'intérieur même de
l'Autriche-Hongrie, n'ont pas aussi contribué au
triomphe de l'Italie ; si... mais à quoi bon? Il est
tant de questions que nous pourrions poser.

Nous admettons que la « Nouvelle Rome »
nous a rendu d'immenses services et que
même elle a sauvé la France. On nous permettra cependant de dire, comme le faisait le
29 février 1919 un « collaborateur français »

---

(1) Gabriel d'ANNUNZIO, *Aveu de l'Ingrat,* message publié par
Excelsior le samedi 29 mars 1919.

(a French Contributor) de *The New Europe* :
« A Paris, on est heureux de reconnaître tout
cela, de même qu'on reconnaît la valeur de la
collaboration de tous les alliés. La Grande-
Bretagne a aussi sauvé la France en l'aidant à
garder les mers et en envoyant d'énormes
armées au lieu des cinq divisions promises en
1914. L'Amérique aussi peut prétendre avoir
sauvé la France en intervenant à une heure
extraordinairement critique. Chacun a sauvé la
France... même l'armée française qui, il est
bon de le rappeler, a subi des pertes deux fois
plus lourdes que celles de l'armée britannique,
quatre fois plus lourdes que celles de l'Italie,
vingt fois plus lourdes que celles de l'Amérique. Dans une coalition, il est en vérité difficile de savoir qui a sauvé l'autre, à qui doit
aller la gratitude des autres. Chacun de nous
a lutté parce que sa propre vie était en jeu. Le
traité de Londres est une preuve que ce ne fut
pas seulement pour sauver la France que
l'Italie est entrée en guerre; car le *sacro
egoismo* était à ce moment une doctrine
d'État[1]. »

-----

[1] *The New Europe*, vol. X, n° 233, pages 125 et 126.

« Nous savions pour quelles causes nous luttions, vers quel but nous marchions », dit M. Gabriel d'Annunzio[1]. Nous le savions aussi et l'eussions-nous ignoré, qu'il nous aurait suffi de parcourir l'histoire de l'Italie depuis son unification, d'écouter les discours de ses hommes d'État ou de lire les exhortations de ses propagandistes pour le savoir. Nous savons que la politique étrangère de la péninsule n'a jamais changé de but depuis 1870 et nous connaissons ce but : imposer aux « barbares » la « loi de Rome » et « s'assurer sans partage la possession d'une mer où il y a place pour un seul maître, non pour deux[2] ». Cette mer, c'est l'Adriatique, parce que, par elle, on peut dominer la Méditerranée, on peut la dominer économiquement et militairement. Tous les Italiens sont d'accord sur ce point.

« Trieste unie à Fiume et à Venise, expose l'auteur anonyme de la *Conquête de Trieste*, restituera à l'Italie sa fonction historique de

____

(1) Message cité.
(2) *Lettre de l'amiral Thaon di Revel* reproduite par M. Wilney WARREN, ouvrage cité, page 13.

pôle commercial de la Méditerranée, d'intermédiaire central du trafic entre les côtes méridionales et orientales du bassin méditerranéen et le centre de l'Europe. Trieste deviendra indubitablement, si elle est sagement secondée dans ses efforts, le véhicule de l'expansion italienne dans le Levant, plus que jamais terre d'importantes promesses pour l'avenir[1]. » M. Mario Alberti veut bien, dans deux pages débordant d'exaltation, nous détailler ces promesses d'avenir. « Possédant Gênes, Venise, Trieste et Fiume, explique-t-il, l'Italie dominera tous les courants du trafic entre l'Europe centrale et le bassin de la Méditerranée. Gênes est, pour les trafics méditerranéens, le port de la Suisse ; Venise, celui de l'Allemagne sud-occidentale ; Trieste, celui de l'Allemagne sud-orientale et de l'Autriche ; Fiume, celui de la Hongrie et de la Croatie. Dans les négociations commerciales avec les États de l'Europe centrale inférieure, il suffira d'une menace d'interdiction du transit de leurs produits par nos ports de la Méditerranée et de

---

(1) ***, *La Conquista di Trieste*, page 17.

l'Adriatique pour obtenir des facilités doua-
nières que nous ne pourrions obtenir autrement... Par Venise, Trieste, Fiume, Zara,
Bari, Spalato, l'Italie monopolisera tout le
trafic de l'Adriatique ; elle sera la grande
instauratrice du commerce nouveau entre
l'Adriatique et les Balkans, l'Adriatique et le
Levant. Elle n'aura plus alors à s'inquiéter
de la concurrence des marines étrangères
dans l'Adriatique ni de la pression du puissant commerce étranger qui tendait à chasser
de l'Orient le trafic italien. Alors, enfin,
l'Adriatique sera proprement à l'Italie et pour
l'Italie.

Par la possession de Trieste et de Fiume,
l'Italie non seulement aura entre ses mains
tous les grands courants économiques entre
l'Europe centrale, le bassin de la Méditerranée et l'Extrême-Orient, mais encore elle
sera maîtresse d'un des plus merveilleux
instruments destinés à traduire en une efficace
pénétration positive le besoin d'expansion
mondiale des productions italiennes. Trieste,
en effet, dispose d'un puissant réseau d'intérêts, de succursales, de représentants, d'agen-
ces dans le Levant, ce qui permettra à l'Italie

d'affermir victorieusement ses marchés de Turquie d'Asie, de Grèce, etc. Les commerçants de Trieste connaissent mieux que personne les besoins, les goûts, les méthodes d'affaires, les exigences de la clientèle et la solvabilité des commerçants du Levant en général et de l'Asie Mineure en particulier. La possession de Trieste permettra donc à l'Italie une pénétration économique très considérable et toujours croissante en Asie Mineure et plus spécialement dans le vilayet de Smyrne, de sorte que, quand la Turquie d'Asie sera départagée, l'Italie aura les plus grands intérêts et les meilleurs titres à faire valoir.

Ce n'est pas tout. Par l'annexion de la Vénétie Julienne, la marine marchande de l'Italie passera de 591 vapeurs jaugeant 1.274.127 tonnes à 1.010, jaugeant 2 millions 284.474 tonnes, lorsqu'elle se sera accrue de la magnifique flotte du « Lloyd » de Trieste et de la Compagnie qui s'appelle « Austro-Americana » et qui, après son transfert de Trieste au royaume d'Italie, s'appellera couramment « Italo-Americana ». Ces deux flottes comptent les plus belles unités de la marine marchande de toute la Méditerranée [1]. L'Italie, qui, avant la libération de la Vénétie Julienne, occupait la sixième place parmi les marines. du monde, tiendrait ensuite en Europe le troisième rang, se plaçant après les marines anglaise et allemande, et dépassant notablement les flottes marchandes de France et de Norvège qui, aujourd'hui, surpassent celle de l'Italie..... Notre position dans la Méditerranée cessera d'être subordonnée à celle de l'Angleterre et de la France. Elle deviendra une position prépondérante [2]. »

---

(1) Selon une lettre de l'envoyé spécial du *Journal des Débats* à Zagreb, publiée dans le numéro du 14 avril 1919, les financiers italiens se sont déjà mis à l'œuvre pour remplir ce programme. « Vers le 15 février 1919, écrit le correspondant, ils ont acheté 52.000 actions (sur 72.000 qui constituent le capital social) du « Lloyd autrichien ». Cette affaire a été traitée avec l' « Union Bank de Vienne » et d'autres groupes de Vienne, Fiume et Trieste, à mille lires l'action. C'est M. Della Zouca, de Trieste, qui fut l'intermédiaire de l'opération. Ce dernier, enhardi par le succès, négocie en ce moment (peut-être l'affaire est-elle même déjà terminée), par l'intermédiaire de M. Perrone, de Milan, la vente de la majorité des actions de la « Société (*sic*) Navigazione Libera Triestina » à un groupe de financiers italiens ; le prix serait de 2.400 lires par action. Les navires de cette compagnie représentent environ 120.000 tonnes ; ceux du « Lloyd », 220.000.

« On dit ici que ces affaires auraient été proposées à la France avant de l'être à l'Italie, mais que l'on se serait heurté à l'interdiction de faire du commerce avec l'ennemi. »

(2) Mario ALBERTI, *Adriatico e Mediterraneo* (Milan, 1915),

Mais ce n'est pas seulement la suprématie économique que l'Italie obtiendrait ainsi ; c'est aussi et surtout la suprématie militaire, « la suprématie absolue — économique, maritime et militaire — dans l'Adriatique[1] ». Cette mer deviendrait non pas un lac italien, comme on le dit trop souvent, mais une véritable rade, une rade formidable, dont Brindisi, d'un côté, et Vallona, de l'autre, garderaient l'entrée. Dans les anfractuosités de la côte orientale, parmi les mille canaux de l'archipel dalmate, une nombreuse flotte de sous-marins pourrait facilement s'abriter. Et tout au fond de cette rade, d'autant plus inaccessible que le peu de côtes concédées au royaume des Serbes, Croates et Slovènes seraient neutralisées, du fond de cette rade, disons-nous, protégé par Pola, le port de Fiume, « avec ses îles, vraie forteresse navale, deviendrait une formidable base d'opérations[2] ». Dans cet antre inabordable d'où personne ne pourrait venir la déloger, l'immense flotte que rêvent les parti-

---

pages 30 et 31. Voir aussi *La Conquista di Trieste*, pages 20 et 21.

[1] Mario ALBERTI, ouvrage cité, page 29.

[2] Icilio BACCICH, *Fiume* (Turin, 1915), page 23.

sans de la Grande Italie (car ils la voient renforcée encore de la flotte austro-hongroise) serait à l'affût, menaçant toute la Méditerranée. La menace serait d'autant plus dangereuse qu'en face, à Tripoli, à Benghazi, à Tobrouk, de solides bases navales pourraient être établies. La Méditerranée centrale serait barrée en deux points : d'abord par la ligne des ports occidentaux de la Péninsule et de la Sicile prolongée jusqu'à Tripoli; puis, plus à l'est, par la chaîne que tendrait de l'Adriatique à la Cyrénaïque l'effort d'escadres conjuguées.

Enfin dans le Levant, toute la côte occidentale de l'Asie Mineure, avec ses îles, ses ports, ses multiples abris, permettrait à la marine italienne de surveiller l'entrée des Dardanelles et de menacer l'accès du canal de Suez dont l'Italie surveille déjà le débouché à Massaouah.

Bref, comme le prévoyait M. René Pinon, « par Trieste « rachetée », par Vallona et la côte albanaise, par tous les ports de la Péninsule et de la Sicile, par Tripoli et la Cyrénaïque, tout le bassin de la mer Ionienne deviendrait un lac italien ; aucune puissance, dans la Méditerranée centrale, ne serait de force à faire contrepoids à une Italie ainsi agrandie ; son influence deviendrait prépondérante dans les affaires d'Orient, et sa race, comme aux temps de Gênes et de Venise, se répandrait sur toutes les côtes de la Syrie et de l'Asie Mineure. Malte, isolée au milieu d'une mer italienne, peuplée d'une race à demi italienne, se trouverait séparée d'Alexandrie par les ports de la côte cyrénéenne. Bizerte, enfin, serait menacée par l'est comme elle l'est par le nord[1] ». Telle serait la vraie *Pax Romana*.

---

(1) René Pinon, ouvrage cité, page 317.

II

SERAIT-CE UNE PAIX ?

MAIS une telle *Pax Romana* serait-elle réellement une paix et non pas une simple trêve, plus ou moins longue ? Ne porterait-elle pas en elle le germe de nouveaux conflits ?

« Cette guerre, disait le 26 février 1916 M. Tittoni, a été pour la civilisation une tache qui ne peut être effacée que d'une seule manière : par la réintégration de la justice et du droit; par une paix qui garantisse l'humanité sinon pour toujours, au moins pour longtemps, contre la répétition d'une semblable catastrophe[1]. » Nous avons bien peur que la *Pax Romana*, parce qu'elle ne serait pas « la

---

(1) Tommaso Tittoni, ouvrage cité, page 33.

réintégration de la justice et du droit », ne provoque justement « la répétition d'une telle catastrophe. »

Nous ne sommes plus à une époque où Rome pouvait impunément atteler les vaincus à ses chars de triomphe, où Venise pouvait, sans crainte de soulèvement, peupler d'Esclavons ses galères. *Sono tempi passati.* Les « barbares » de jadis sont devenus des nations ; ils ont pris conscience de leurs droits en prenant conscience de leur force, et l'Italie, qui leur a donné l'exemple, ne saurait affirmer qu'ils ont tort, puisque aussi bien c'est d'elle que vient le terme d'*irrédentisme*.

Les partisans de la *Pax Romana* n'ont-ils pas peur qu'en attachant au char de triomphe de la « troisième Rome » ces Yougoslaves qu'ils considèrent comme des vaincus, n'ont-ils pas peur qu'en peuplant les flottes de la nouvelle Venise, de marins yougoslaves [1] — car la marine austro-hongroise recrutait principalement ses équipages, non pas parmi les bourgeois italiens, mais parmi les Slaves de la

---

(1) Voir à ce sujet Ivo DE GIULLI, *La Vie maritime des Yougoslaves* dans le *Monde slave*, n°° 8-9, 1re année.

côte, — ils ne provoquent un terrible irrédentisme dont sera perpétuellement menacée l'existence même de l'Italie ?

Oui, nous le savons, ces Serbes, Croates et Slovènes, selon vous, seraient malgré tout restés des barbares. Tous vos auteurs l'ont dit, et d'Annunzio le répétait encore dans un récent message. Ferez-vous vraiment croire au monde que vous avez affaire à des cannibales auxquels vous prêcherez les saints évangiles de la civilisation ? Laissez donc à vos anciens alliés le soin d'être des *Kulturtræger*, des porteurs de *Kultur*. Il sied mal aux Latins que vous prétendez être de singer les « barbares » de la Germanie, et nous songions à quelque *Tagblatt* de Vienne ou à quelque *Zeitung* de Berlin lorsque, le 24 décembre 1918, nous lisions dans *Il Popolo d'Italia* ces quelques phrases qui voulaient être ironiques : « La culture des Yougoslaves ? Il n'est même pas nécessaire d'en parler. Leur langue ? C'est un patois... Ce sont les Italiens qui possèdent une langue, une culture, une tradition. Nous avons des Slaves à l'intérieur de nos frontières d'Italie. Aujourd'hui ce ne sont plus des Slaves ; tous sont devenus d'excellents

Italiens, et c'est beaucoup qu'ils se souviennent vaguement de leur origine. »

Une lourde ironie de ce genre est fort dangereuse. Que feriez-vous si l'on vous prenait au pied de la lettre et si l'on vous accusait de vouloir dénationaliser les Yougoslaves dont vous réclamez l'annexion, comme vous prétendez avoir dénationalisé leurs congénères ? Que répondriez-vous si l'on vous demandait lequel a raison : *Il Popolo d'Italia* ou le Mémoire officiel présenté à la Conférence de la Paix, lorsqu'il assure que l'Italie respectera « l'égalité des peuples » ?

Il nous souvient d'avoir lu, dans un ouvrage signé de noms italiens qui font autorité, un passage gros de menaces : « Si les Slaves assujettis à la domination italienne à l'intérieur de ces frontières (*dites naturelles*) ne reconnaissaient pas le droit italien, s'ils ne voulaient pas admettre qu'ils se trouvent en pleine patrie italienne et s'ils commençaient à s'agiter, ce ne serait pas de l'irrédentisme ; c'est-à-dire qu'ils n'agiraient pas pour délivrer leur patrie, mais bien pour assurer à leur patrie slave les territoires de l'Italie. En agissant de cette façon, ils justifieraient pleinement toute action répressive, laquelle serait l'acte le plus élémentaire de la plus sainte défense nationale. Les territoires occupés par les Slovènes dans le Haut-Frioul devront redevenir italiens ; l'intérieur de l'Istrie devra être rendu à l'italianisme ; la Dalmatie devra redevenir complètement italienne[1]. » Est-ce là le sort que vous réserveriez aux populations qui vous seraient soumises? Est-ce ainsi que vous entendez le « droit des nationalités » dont l'Italie fut un des plus ardents champions?

Nous n'ignorons pas, c'est vrai, que vous avez évolué et que vous comprenez autrement aujourd'hui le droit des peuples à disposer d'eux-mêmes. « Le principe des nationalités, disait un ordre du jour de vos nationalistes, proclamé comme base dans la guerre de l'Entente, doit être évalué dans sa fonction historique de tradition et de civilisation, et non dans l'éventuelle domination brutale du nombre[2]. » Prenez garde que tous ces Yougoslaves, tous ces Albanais des côtes de l'Adria-

---

(1) *La Dalmazia*, scritti di G. Dainelli, F. de Bacci Venuti, P. L. Rambaldi, A. Dudan, E. Q. Parodi, A. Cippico, A. Orefici, P. Foscari, A. Tamaro (Gênes, 1915), p. 189.
(2) Cité par la *Tribuna* du 14 décembre 1919.

tique, que ces Grecs des îles et des côtes de l'Asie Mineure, ne se dressent contre vous, qu'ils ne vous considèrent comme leurs oppresseurs. Vous dites avoir pris les armes pour « rédimer » vos frères de la Vénétie Julienne et de la Dalmatie. Ils sont moins nombreux que tous les Serbes, Croates et Slovènes que vous incorporerez. Prenez garde que le jeune royaume des Serbes, Croates et Slovènes ne se lève pour vous réclamer les siens, pour « rédimer » ses frères asservis.

Il aura d'ailleurs une autre raison de se soulever. C'est à contre-cœur qu'en 1912 la Serbie accepta d'être privée d'un libre accès à la mer. Allez-vous une seconde fois renouveler ce méfait en ouvrant à cette Serbie agrandie une porte dont vous garderez les clefs, en daignant lui laisser quelques mauvais ports dont vous tiendrez l'entrée ? Est-ce pour amener de nouveaux conflits que vous prétendez être les seuls maîtres de l'Adriatique ? Faites bien attention que votre raisonnement n'est qu'un sophisme, un périlleux sophisme. « L'Italie, dites-vous, avec l'amiral Thaon di Revel, est un pays qui respire et qui vit sur la mer. Ses deux poumons sont la mer Tyrrhénéenne et l'Adriatique. Si vous enlevez un poumon à un homme, il continuera peut-être à végéter, mais il n'en demeurera pas moins phtisique [1]. » Admettons que ces mers soient réellement des poumons. Est-ce une raison, parce que vous prétendez en avoir besoin, pour priver de respiration un État voisin? Lorsqu'un chirurgien veut tenter une greffe, il ne peut la faire qu'en demandant son autorisation à celui qui devra fournir l'organe à greffer. Demanderez-vous aux Yougoslaves s'ils consentent à vous céder la part de poumon nécessaire à leur libre existence? Demanderez-vous aussi à tous les peuples de l'Europe centrale, aux Tchécoslovaques, aux Roumains, aux Polonais s'ils seront satisfaits d'être astreints à passer sous les fourches caudines du grand courtier de la Méditerranée que vous voulez devenir?

Si vous voulez n'avoir pas, plus tard, à subir l'oppression du nombre, acceptez donc aujourd'hui de respecter sa volonté. Lorsque vous vous unifiiez, lorsque vous cédiez à la France la Savoie et le comté de Nice, vous

---

[1] Witney WARREN, ouvrage cité, page 13.

avez donné l'exemple, vous avez exigé qu'un plébiscite consacrât vos droits et les nôtres. Faites de même aujourd'hui. Vos droits historiques sont trop lointains; Rome et Venise, les conquérantes de jadis, sont mortes depuis trop longtemps pour que vous puissiez mettre sur le même pied la « Vénétie Julienne », la Dalmatie et l'Alsace-Lorraine. Vous prétendez que les Yougoslaves seront heureux sous votre autorité. Avant de les y faire passer, si vous tenez à une vraie paix et non pas à une *Pax Romana*, demandez-leur s'ils acceptent cette autorité.

III

LES ALLIANCES FUTURES.

Sɪ l'Italie suit les funestes avis de ses nationalistes, et il semble que le gouvernement italien les partage, si elle exige sa *Pax Romana*, c'en sera fait de sa tranquillité intérieure. Elle sera sans cesse troublée, comme l'ancienne Autriche-Hongrie, de conflits nationaux. C'en sera fait aussi de sa tranquillité extérieure, car il est certain que les Yougoslaves aspireront plus que jamais à s'unir et que la Grèce s'efforcera de « racheter » les Hellènes du Levant. Il y aura là, pour la Péninsule, une cause constante de faiblesse, une menace perpétuelle.

Mais ce n'est pas tout. Lorsque les chauvins de la grande Italie auront vu leurs ambitions satisfaites, lorsque leur pays sera en possession de ce qu'ils considèrent comme l'héritage de Rome et de Venise, la tâche ne sera pas achevée. Avec une intelligence, une habileté et une persévérance rares, les hommes d'État italiens ont toujours cherché, et avec raison, à faire de leur patrie une grande puissance méditerranéenne. Ils y ont réussi. Ils seront sûrement assez perspicaces pour se souvenir aujourd'hui du vers de La Fontaine :

On risque de tout perdre en voulant trop gagner.

Avoir une bonne place dans la Méditerranée, c'est bien ; y vouloir la suprématie l'est moins. L'Allemagne aussi a eu la prépondérance en Europe. Il lui en a coûté cher. Les ambitions démesurées sont aussi funestes aux peuples qu'aux individus. Si pourtant, par l'imprudence de ses dirigeants et des nôtres, l'Italie obtenait ce *primato* que tant de mauvais conseillers font miroiter aux yeux éblouis des foules, croit-elle donc qu'elle en serait plus heureuse ?

Il lui faudrait conserver cette suprématie, et ce serait chose difficile, car les rivaux ne manqueraient pas. « Nous nous représentons par la pensée, écrivait encore M. René Pinon, l'Italie telle que la rêvent les amis de la « plus grande Italie »,... maîtrisant la Méditerranée en son milieu, exerçant son influence en Syrie, en Égypte, en Crète, dans les Balkans, et nous ne croyons pas que la France ait beaucoup à gagner à avoir pour voisine en Afrique et en Europe une pareille puissance[1]. »

La Grande-Bretagne n'y gagnerait guère non plus, car, obligée de surveiller la route de l'Égypte et des Indes, elle serait une gêne pour les heureux possesseurs de la Mer Intérieure. Le *Corriere della Sera* lui rappelait le 30 mars 1919 qu'elle est une intruse dans les eaux latines. « Là, écrivait le journal de Milan, l'Angleterre n'est pas chez elle, comme l'Italie ou la France ; elle est un hôte installé sur quatre points : l'Égypte, Chypre, Malte, Gibraltar, où l'on ne parle ni ne pense en anglais » et pour trois desquels « la possession n'est pas libre d'hypothèques ».

Ni la France, ni l'Angleterre, qui ont dans la Méditerranée des intérêts de premier ordre, ne pourraient longtemps y supporter la maîtrise d'un autre État, cet État fût-il l'Italie. Des conflits naîtraient infailliblement, d'autant plus sûrement même que les nationalistes ne voudront pas s'arrêter en si bonne voie. N'ont-ils

---

(1) René Pinon, ouvrage cité, page 86.

pas encore d'autres *terre irredente* à libérer ?
Ne reste-t-il pas encore à « racheter » la Savoie,
Nice, la Corse, Malte, l'Algérie, la Tunisie et
l'Égypte ; et M. Mario Alberti, dans un passage
que nous citions plus haut, n'a-t-il pas laissé
entendre que l'Italie se réserve de faire valoir
un jour ou l'autre les « droits » qu'elle peut
avoir sur ces régions ?

A la rivalité des grandes puissances que
sont l'Angleterre et la France se joindrait
celle des États de l'Europe centrale. La
Pologne, la République Tchécoslovaque, la
Roumanie, l'État Magyar, etc., menacés dans
leur liberté par le monopole que l'Italie aura
établi sur l'Adriatique, leur seul débouché
dans le sud, ne manqueront pas de regimber
contre un état de choses si néfaste à leurs
intérêts.

Que pourra faire l'Italie en présence de tant
d'adversaires ou de rivaux? Ayant à se défendre
chez elle et dans ses possessions orientales
contre l'irrédentisme d'une foule de sujets, à
maintenir l'ordre parmi des Albanais dont on
connaît la turbulence, à lutter contre les compétitions que lui vaudra la possession absolue
de l'Adriatique et la maîtrise de la Méditer-

ranée, l'héritière de Venise et de Rome pourra-t-elle par ses seules forces faire face à tant de fronts? Nous en doutons. Il lui faudrait donc chercher un appui, trouver un allié.

Cet allié, par la force même des choses, ne saurait être ni l'Angleterre, ni la France, ni aucun des nouveaux États de l'Europe centrale. Ce serait donc la seule puissance de l'Europe qui, n'ayant pas d'intérêts directs dans la Méditerranée, a besoin d'y pénétrer par un intermédiaire. Ce serait l'Allemagne, cette Allemagne pour qui Trieste devait être un des points d'appui du *Drang nach Osten*, de la poussée vers l'Orient.

Pour beaucoup d'Italiens, en dehors même de ceux qui furent des « neutralistes », les vieilles sympathies pour l'ancien allié n'ont pas complètement disparu, et nombreux sont encore ceux qui pensent, comme le *Testo Atlante di Geografia* (vol. I, p. 100) d'Assunto Mori[1], que des divers groupements ethniques de l'Europe, « le plus civilisé est celui des peuples

-----

[1] Les ouvrages de Mori, et d'autres du même genre, sont encore en usage dans mainte école d'Italie. (Cf. *Il Secolo XIX* du 4 septembre 1918.)

germaniques ». Il n'est donc pas extraordinaire qu'une campagne parfois très âpre se soit déchaînée dans la presse italienne en faveur du rattachement de l'Autriche allemande à l'Allemagne. « L'impérialisme français, va jusqu'à écrire l'*Italia del Popolo*, qui s'intitule « journal wilsonien » (15 mars 1919), prétend encore nier à l'Autriche allemande son droit sacro-saint de s'unir à la République allemande en un nouvel État... Pourtant le droit qu'a l'Autriche allemande de s'unir à l'Allemagne est un droit auquel humainement personne ne peut s'opposer. Non seulement la race est identique, la langue est identique, mais jusqu'à la guerre de 1866, qu'on le veuille ou non, l'Autriche et l'Allemagne formaient dans la Confédération germanique, idéalement tout au moins, un seul État[1]. »

Dans cette défense des prétendus « droits sacro-saints » de l'Autriche allemande, s'agit-il bien pour les nationalistes italiens de défendre des principes qu'ils méconnaissent lorsqu'il s'agit des Yougoslaves ? Il semble plutôt que

____

[1] Voir également l'éditorial du *Corriere della Sera* du 14 mars 1919.

les partisans de la Grande Italie, dont le rêve est d'établir l'hégémonie italienne dans toutes les régions qui dépendent de la Méditerranée, cherchent à atteindre deux buts : empêcher la formation dans l'Europe centrale d'une Confédération forte et obtenir des frontières communes avec l'Allemagne envisagée comme future alliée. Il serait en effet dangereux pour l'avenir de la suprématie italienne de voir se grouper des États séparément faibles, comme la Pologne, la République tchécoslovaque, la Roumanie et le Royaume yougoslave, mais qui, unis, seraient une force avec laquelle il faudrait compter. Il ne serait plus possible, dans ce dernier cas, de leur dicter les volontés du courtier de l'Adriatique et de la Méditerranée. C'est sans doute pour permettre au maître des mers latines de tenir tête à ces nouvelles puissances, qui se ligueront un jour ou l'autre, et de s'appuyer sur un voisin fort, que le *Corriere della Sera* recommandait si chaudement, le 11 mars 1919, le rattachement de l'Autriche allemande à l'Allemagne, rattachement sans lequel, paraît-il, « seraient irréparablement compromis les droits les plus substantiels » de l'Italie.

« C'est pour l'Italie, disait à la Chambre italienne, le 1ᵉʳ décembre 1915, le baron Sonnino, ministre des Affaires étrangères, une nécessité absolue de légitime défense d'arriver à un règlement des conditions définitives de l'Adriatique, qui puisse compenser la conformation défavorable de notre littoral oriental.

« Enfin, la sauvegarde jalouse de nos intérêts vitaux dans la Méditerranée forme l'objet principal des soins du Gouvernement. Quand, il y a quatre ans, l'équilibre de la Méditerranée occidentale se trouvant menacé, l'Italie se vit obligée à entrer en guerre pour la conquête de la Lybie, notre peuple en comprit la haute signification politique. »

Si les nationalistes italiens interprètent ce juste désir d'équilibre dans l'Adriatique et dans la Méditerranée en disant : Tout pour nous, rien pour les autres, il est certain que ce ne sera pas une paix que l'on signera demain, mais une véritable déclaration de guerre. L'Italie prendra, aux côtés de la République allemande, la place laissée vide par l'Autriche-Hongrie et, qu'elle le veuille ou non, l'héritière de Rome et de Venise se fera à son tour l'instrument du *Drang nach Osten*. L'Angleterre, pour conserver Malte, l'Égypte et la, route des Indes, la France pour sauver la Corse, l'Algérie et la Tunisie, seront obligées de subir l'odieuse paix armée qui a abouti à la guerre de 1914 et qui, dans un avenir prochain, aboutirait à une pire conflagration.

Le monde anxieux attend non pas la menaçante réalisation de dangereux projets de suprématie, d'où qu'ils viennent, mais la véritable instauration en Europe de l'égalité des nations, petites ou grandes ; non pas la reconstitution d'agressives alliances, mais la création d'une vraie Société des Nations, arbitre de la justice et de la paix parmi les peuples. Nous espérons donc que des conférences de paix sortira une mer Adriatique librement ouverte à tous, car, comme le disait fort bien à Montecitorio, le **22 février 1913**, le marquis di San Giuliano, alors ministre des Affaires étrangères d'Italie, « personne n'a plus et n'aura plus désormais le droit d'appeler la Méditerranée *mare nostrum* ».

ANNEXE I

**Les propositions du Gouvernement italien
au Gouvernement austro-hongrois.**

Article Ier. — L'Autriche-Hongrie cède à
l'Italie le Trentin, avec les frontières qu'eut le
royaume d'Italie en 1811, c'est-à-dire après le
traité de Paris du 28 février 1810.

Note à l'article Ier.

« La nouvelle frontière se sépare de la frontière actuelle au mont Cevedale ; elle suit un
instant le contrefort entre Val Venosta et Val
del Noce, puis descend sur l'Adige à Gargazone,
entre Meran et Botzen, remonte sur le plateau
de la rive gauche, coupe la vallée Sarentina
par moitié, celle de l'Isarco à la Chiusa et par
le territoire dolomitique de la rive droite de
l'Avisio, non compris les vallées Gardona et
Badia, et y compris le val d'Ampezzano, re-
joint la frontière actuelle. »

Article II. — On procède à une revision, en

faveur de l'Italie, de sa frontière orientale, en comprenant dans le territoire cédé les villes de Gradisca et de Goritz. De Troghofel, la nouvelle frontière se détache de l'actuelle en se dirigeant vers l'est jusqu'à l'Osternig, et de là descend des Alpes Carniques jusqu'à Saifniz. Ensuite, par le contrefort entre Seisera et Schliza, elle remonte au Wirsehberg, puis suit de nouveau la frontière actuelle jusqu'au col de Nevea, pour descendre des flancs du Rombone jusqu'à l'Isonzo, en passant à l'est de Plezzo. Elle suit ensuite la ligne de l'Isonzo jusqu'à Tolmino, où elle abandonne l'Isonzo pour suivre une ligne plus orientale qui, passant à l'est du plateau Pregona-Planina et suivant le creux du Chiappovano, descend à l'est de Goritz et, à travers le Carso de Comen, finit à la mer entre Monfalcone et Trieste, à proximité de Nabresina.

ARTICLE III. — La ville de Trieste, avec son territoire qui sera au nord étendu jusqu'à Nabresina (inclus), de façon à toucher la nouvelle frontière italienne (art. II), et au sud de façon à comprendre les districts judiciaires actuels de Capo d'Istria et Pirano, sera constituée en État autonome et indépendant sous les rapports de politique internationale, militaire, législatif, financier et administratif, l'Autriche-Hongrie renonçant à toute souveraineté sur elle. Elle devra rester port franc. Il ne pourra y entrer ni milices austro-hongroises, ni milices italiennes. Elle prendra sa quote-part de la Dette publique autrichienne actuelle en rapport avec sa population.

Article IV. — L'Autriche-Hongrie cède à l'Italie le groupe des îles curzolaires, comprenant Lissa (avec les îlots voisins de S. Andrea et Busi) et Lesina (avec les Spalmadores et Torcola), Curzola, Lagosta (avec les îlots et écueils voisins), Cazza et Meleda, et en outre Pelagosa.

Article V. — L'Italie occupera immédiatement les territoires cédés (art. I, II et IV); Trieste et son territoire seront (art. III) immédiatement évacués par les autorités et les milices austro-hongroises, avec le licenciement immédiat des militaires de terre et de mer qui proviennent de celle-ci ou de celui-là.

Article VI. — L'Autriche-Hongrie reconnaît la pleine souveraineté italienne sur Valona et sa baie, y compris Sasseno, avec, dans l'*hinterland*, la partie du territoire nécessaire à leur défense.

ARTICLE VIII. — L'Autriche-Hongrie se désintéresse complètement de l'Albanie comprise dans les limites assignées par la Conférence de Londres.

ARTICLE VIII. — L'Autriche-Hongrie concédera amnistie complète et liberté immédiate à tous les condamnés pour délits militaires et politiques provenant des territoires cédés (art. I, II et IV) et évacués (art. III).

ARTICLE IX. — Pour la libération des territoires cédés (art. I, II et IV), de leur quote-part d'obligation dans la Dette publique autrichienne ou austro-hongroise, ainsi que dans la Dette pour les pensions aux anciens fonctionnaires impériaux et royaux et en échange du transfert intégral et immédiat au royaume d'Italie de toute propriété domaniale immobilière et mobilière, excepté les armes, se trouvant dans les territoires mêmes, et en compensation de tous droits de l'État sur lesdits territoires pour tout ce qui s'y réfère, soit pour le présent, soit pour l'avenir, sans aucune exception, l'Italie paiera à l'Autriche-Hongrie la somme capitale en or de 200 millions de lires italiennes.

ARTICLE X. — L'Italie s'engage à maintenir

une parfaite neutralité pendant toute la guerre actuelle, en ce qui regarde l'Autriche-Hongrie et l'Allemagne.

ARTICLE XI. — Pendant toute la durée de la guerre actuelle, l'Italie renonce à la faculté d'invoquer ultérieurement en sa faveur les dispositions de l'article VII du traité de la Triple-Alliance ; et l'Autriche-Hongrie fait la même renonciation pour l'occupation italienne des îles du Dodécanèse.

SONNINO.

(*Livre Vert italien*, pièce LXIV.)

ANNEXE II

Le traité de Londres signé le 26 avril 1915.

L'AMBASSADEUR d'Italie à Londres, marquis Imperiali, sur les instructions de son gouvernement, a l'honneur de communiquer le mémorandum suivant au secrétaire d'État des Affaires Étrangères, Sir Edward Grey, à l'ambassadeur de France, M. Cambon, et à l'ambassadeur de Russie, comte Benckendorf.

I. — Les grandes puissances, à savoir la France, la Grande-Bretagne, la Russie et l'Italie, devront, sans retard, établir une convention militaire qui déterminera le minimum des forces militaires que la Russie sera tenue d'opposer à l'Autriche-Hongrie, dans le cas où cette dernière jetterait toutes ses forces contre l'Italie. Cette convention militaire réglera aussi les problèmes ayant trait à un armistice possible en tant qu'ils ne rentrent pas, par leur nature même, dans les limites de la compétence du commandement suprême.

II. — De son côté, l'Italie se charge de mener la guerre avec tous les moyens dont elle dispose, d'accord avec la France, la Grande-Bretagne et la Russie, et contre les États qui sont en guerre avec ces puissances.

III. — Les forces navales de la France et de la Grande-Bretagne prêteront à l'Italie leur coopération active jusqu'à ce que la flotte autrichienne soit détruite ou jusqu'à la conclusion de la paix. La France, la Grande-Bretagne et l'Italie devront, sous ce rapport, conclure sans retard une convention navale.

IV. — En vertu du futur traité de paix, l'Italie recevra : le Trentin, dont le Tyrol méridional jusqu'à sa frontière naturelle et géographique, le Brenner ; la ville de Trieste et ses environs, les provinces de Goritz et de Gradisca ; toute l'Istrie jusqu'au Quarnero, y compris Volosca et les îles istriennes de Cherso et de Lussin, ainsi que les îles plus petites de Plavnik, d'Unia, de Canidoli, de Palazzuola, de San-Pietro Nerovio (?), d'Asinello et de Gruica, avec les îlots du voisinage.

Note 1. — En exécutant ce qui est dit à l'article 4, la ligne frontière devra suivre les points suivants : du sommet de l'Umbrile dans la direction du nord jusqu'au Stelvio, puis le long de la ligne de partage des eaux des Alpes Rhétiques, jusqu'aux sources de l'Adige et de l'Eisach, puis elle franchira les monts Reschon et le Brenner et les cimes de l'Etz et du Tiller. La frontière tournera ensuite vers le sud, en tournant le mont Toblach pour atteindre la frontière actuelle de la Carniole qui est près des Alpes. Le long de cette frontière, la ligne atteindra le mont Tarvis et suivra la ligne de partage des eaux des Alpes Juliennes au delà des crêtes de Predil, Mangart et Tricorne (Triglav) et des défilés de Podberdo, Podlansko et d'Idria. De là, la ligne tournera dans une direction sud-est vers le Schneeberg, de façon à ne pas comprendre le bassin de la Save et ses affluents en territoire italien. Du Schneeberg, la frontière descendra vers la côte maritime en comprenant Castua, Matuglia et Volosca comme districts italiens.

V. — De la même façon l'Italie devra recevoir la province de Dalmatie dans son étendue actuelle, en comprenant de plus vers le nord Lissarinka et Tribanj (c'est-à-dire deux petits endroits de la Croatie du sud-ouest) et vers le sud toutes les localités jusqu'à une ligne partant de la mer près du cap Planka (entre Traù et Sebenico) et suivant la ligne de partage des eaux vers l'est, de façon à mettre aux mains des Italiens toutes les vallées dont les rivières se jettent dans la mer près de Sebenico, à savoir la Cikola, la Krka et la Butisnjica, avec leurs affluents. A l'Italie aussi reviendront toutes les îles du nord et de l'ouest de la côte de Dalmatie, en commençant par Premuda, Selva, Ulbo, Skarda, Maon, Pago et Puntadura, et au delà vers le nord, en atteignant Meleda vers le sud avec les îles de Saint-Andrea, Busi, Lissa-Lesina, Tercola, Curzola, Cazza et Lagosta et tous les îlots et rochers environnants, ainsi que Pelagosa, mais sans les îles de Grande et Piccola Zirona, de Buje, de Solta et de Brazza.

Ce qui suit devra être neutralisé : 1° Toute la côte du cap Planka au nord jusqu'à la pointe méridionale de la péninsule de Sabbioncello au sud, cette péninsule étant comprise dans la zone neutre. 2° Une partie de la côte partant d'un point situé à 10 kilomètres au sud de Ragusavecchia jusqu'à la rivière Vojussa au sud, de façon à comprendre dans la zone neutralisée tout le golfe de Cattaro avec ses ports, Antivari, Dulcigno, San-Giovanni de Médua et Durazzo; avec la réserve que les droits du Monténégro ne seront pas lésés, en tant qu'ils soient basés sur les déclarations échangées entre les parties contractantes en avril et en mai 1909. Ces droits étant reconnus uniquement pour les possessions actuelles du Monténégro, ils ne sont pas étendus aux régions et aux ports qui peuvent être attribués dans l'avenir au Monténégro. C'est pourquoi aucune partie de la côte qui appartient aujourd'hui au Monténégro ne sera soumise dans l'avenir à la neutralisation. Mais toutes les restrictions légales concernant le port d'Antivari — auxquelles le Monténégro lui-même a donné son adhésion en 1909 — resteront en vigueur. 3° Toutes les îles non attribuées à l'Italie.

Note 2. — Les districts suivants sur l'Adriatique seront, par l'action des puissances de l'Entente, compris dans le territoire de la Croatie, de la Serbie et du Monténégro : au nord de l'Adriatique, toute la côte commençant au golfe de Volosca, près de la frontière d'Italie, jusqu'à la frontière septentrionale de la Dalmatie, en comprenant toute la côte appartenant aujourd'hui à la Hongrie; toute la côte de la Croatie, le port de Fiume, et les petits ports de Novi et de Carlobago et, de la même façon, les îles de Veglia, de Pervicio, de Gregorio, de Kali et d'Arve ; au sud de l'Adriatique où la Serbie et le Monténégro ont des intérêts, toute la côte depuis le cap Planka jusqu'à la rivière Drin, avec les ports très importants de Spalato, de Raguse, de Cattaro, d'Antivari, de Dulcigno et de San-Giovanni di Medua, ainsi que les îles de Grande et de Piccola Zirona, de Buje, de Solta, de Brazza, de Cikljan (?) et de Calamotta.

Le port de Durazzo peut être attribué à l'État musulman indépendant d'Albanie.

VI. — L'Italie devra obtenir en toute propriété Valona, l'île de Saseno et un territoire assez étendu pour la mettre à l'abri des dangers d'ordre militaire — approximativement entre la rivière Vojussa au nord et à l'est, et le district de Shirmar [Chimara] au sud.

VII. — Ayant obtenu le Trentin et l'Istrie en vertu de l'article 4, ainsi que le golfe de Valona, l'Italie s'engage, dans le cas où serait formé en Albanie un petit État autonome et

neutralisé, à ne pas s'opposer au désir possible de la France, de la Grande-Bretagne et
de la Russie de répartir les districts septen-
trionaux et méridionaux de l'Albanie entre le
Monténégro, la Serbie et la Grèce. La côte
méridionale de l'Albanie, depuis la frontière
du territoire italien de Valona jusqu'au cap
Stilos, devra être neutralisée. A l'Italie sera
concédé le droit de diriger les relations de
l'Albanie avec l'étranger; en tout cas, l'Italie
sera tenue d'assurer à l'Albanie un territoire
suffisamment étendu permettant à ses frontières de se joindre à celles de la Grèce et de
la Serbie jusqu'à l'est du lac d'Ochrida.

VIII. — L'Italie devra obtenir la possession
complète de toutes les îles du Dodécanèse,
actuellement occupées par elle.

IX. — La France, la Grande-Bretagne et la
Russie reconnaissent comme un axiome le fait
que l'Italie est intéressée à maintenir l'équilibre politique des forces dans la Méditerranée, et son droit à recevoir, lorsque la
Turquie aura été défaite (démembrée), une
part égale aux leurs dans la Méditerranée —
notamment dans la partie limitrophe de la
province d'Adalia, où l'Italie a déjà acquis des

droits et des intérêts spéciaux mentionnés dans la convention italo-britannique. La zone à assigner à l'Italie sera déterminée en temps voulu, en accord avec les intérêts vitaux de la France et de la Grande-Bretagne. Pareillement, il devra être tenu compte des intérêts de l'Italie, même dans le cas où les puissances maintiendraient encore pendant un certain temps l'inviolabilité de la Turquie d'Asie et se borneraient à délimiter les sphères d'intérêt à attribuer à chacune d'elles.

Dans le cas où la France, la Grande-Bretagne et la Russie occuperaient, au cours de la présente guerre, des districts de la Turquie d'Asie, tout le district confinant à Adalia et décrit ci-dessus d'une façon plus détaillée sera réservé à l'Italie qui se réserve le droit de l'occuper.

X. — En Libye, l'Italie obtient la reconnaissance de tous les droits et privilèges jusqu'ici réservés au sultan par le traité de Lausanne.

XI. — L'Italie recevra une contribution militaire correspondant à sa force et à ses sacrifices.

XII. — L'Italie s'associe à la déclaration faite par la France, la Grande-Bretagne et la Russie, par laquelle les Lieux saints mahométans doivent être laissés en la possession d'un État mahométan indépendant.

XIII. — Dans le cas d'une extension des possessions coloniales françaises et britanniques en Afrique aux dépens de l'Allemagne, la France et la Grande-Bretagne reconnaissent en principe à l'Italie le droit de demander pour elle-même certaines compensations sous la forme d'une extension de ses possessions en Erythrée, dans le pays des Somalis, en Libye et dans les districts coloniaux limitrophes des colonies françaises et britanniques.

XIV. — La Grande-Bretagne s'engage à faciliter à l'Italie immédiatement et à des conditions favorables la conclusion d'un emprunt sur le marché de Londres, dont le total ne sera pas inférieur à 50 millions de livres sterling.

XV. — La France, la Grande-Bretagne et la Russie s'engagent à appuyer l'action de l'Italie à l'effet de ne pas permettre aux représentants du Saint-Siège d'engager une action diplomatique en vue de la conclusion de la paix et de la solution des questions se rattachant à la guerre.

XVI. — Le présent traité doit être tenu

secret. En ce qui concerne l'adhésion de l'Italie à la déclaration du 5 septembre 1914, celle-ci ne devra être publiée qu'après la déclaration de guerre par et à l'Italie.

Les représentants de la France, de la Grande-Bretagne et de la Russie ayant pris connaissance de ce mémorandum, ayant reçu les pouvoirs à cet effet, ont convenu ce qui suit avec les représentants de l'Italie qui a également reçu de son gouvernement les pouvoirs nécessaires à cet effet.

La France, la Grande-Bretagne et la Russie se déclarent complètement d'accord avec la présente note qui leur a été présentée par le gouvernement italien. En ce qui concerne les articles 1, 2 et 3 (relatifs à la coordination des opérations militaires et navales des quatre puissances), l'Italie déclare qu'elle participera à la guerre d'une façon active aussitôt que possible, et, dans tous les cas, pas plus d'un mois après la signature du présent document au nom des parties contractantes.

Signé en quatre expéditions, le 26 avril 1915.

Edward GREY, Paul CAMBON,
IMPERIALI, BENCKENDORF.

(Agence Havas.)

ANNEXE III

Tableau statistique des régions de l'ancienne Autriche-Hongrie revendiquées par l'Italie (d'après le recensement officiel de 1910) [1].

Trentin et Haut-Adige.	LANGUE USUELLE (nombre d'habitants parlant)			LANGUES diverses
	Italien ou ladin	Yougoslave (serbo-croate ou slovène)	Allemand	
Ville de Bozen	1.346	48	21.129	48
— Rovereto. . . .	9.509	4	811	81
— Trente. . . .	24.169	25	2.819	1.356
District d'Ampezzo :				
Ampezzo.	3 163	2	356	26
A reporter. . . .	38.157	79	23.115	1.511

(¹) Les opérations du recensement étaient confiées à l'administration municipale. Or, dans la plupart des villes, la municipalité était italienne. Il en était ainsi notamment dans la région dite « Vénétie Julienne » où, selon le mémoire italien présenté aux Conférences de Paix, « les Italiens ont en main l'administration des municipalités qui embrassent 70 % de toute la population ». Il est donc à présumer que ce dénombrement austro-hongrois n'est pas défavorable aux Italiens.

	LANGUE USUELLE (nombre d'habitants parlant)			LANGUES diverses
	Italien ou ladin	Yougoslave (serbo-croate ou slovène)	Allemand	
Report.	38.157	79	25.445	1.511
Buchenstein.	2.827	»	87	18
District de Borgo :				
Borgo	14.292	»	284	1
Levico.	14.232	1	944	144
Strigno.	14.465	1	389	42
District de Bozen :				
Bozen (*).	976	17	22.005	32
Kaltern.	854	12	16.525	4
Kastelruth	4.212	1	4.706	3
Klausen	38	5	9.778	2
Neumarkt.	1.373	1	8.068	»
Sarntal.	21	»	3.842	»
District de Brixen :				
Brixen.	397	17	17.242	343

(*) Non compris la ville du même nom.

	Italien ou ladin	Yougoslave (serbo-croate ou slovène)	Allemand	LANGUES diverses
Sterzing	16	28	11.509	»
District de Bruneck :				
Bruneck.	277	3	11.179	445
Enneberg.	5.251	9	126	1
Taufers.	7	»	8.716	»
Welsberg.	59	4	9.460	411
District de Cavalese :				
Cavalese	18.365	»	1.770	261
Fassa.	4.152	»	12	»
District de Cles :				
Cles	19.759	»	540	6
Fondo	10.791	»	1.086	32
Malè.	15.248	»	261	»
District de Lienz :				
Lienz	2	1	14.963	139
Sillian	43	5	10.189	31
Windischmatrei.	8	1	7.283	»
District de Meran :				
Lana.	162	8	11.817	2
Meran	1.429	22	32.224	129
Passeier	78	1	5.127	»
A reporter.	167.491	216	235.237	3.559

	LANGUE USUELLE (nombre d'habitants parlant)			LANGUES diverses
	Italien ou ladin	Yougoslave (serbo-croate ou slovène)	Allemand	
Report. . . .	167.491	216	235.237	3.539
District de Mezzolombardo	20.849	18	301	3
District de Primiero. .	10.663	»	245	18
District de Riva :				
Arco.	11.380	2	510	42
Riva.	10.426	9	1.124	162
Val-di-Ledro	4.490	»	9	2
District de Rovereto :				
Ala	10.590	12	186	13
Mori.	11.009	9	12	»
Rovereto (*)	22.884	1	78	12
Villa-Lagarina	10.874	2	18	2
District de Tione :				
Condino	10.975	»	46	36

(*) Non compris la ville du même nom.

	Italien ou ladin	Yougoslave (serbo-croate ou slovène)	Allemand	LANGUES diverses
Stenico.	10.077	»	11	3
Tione.	14.903	»	207	177
District de Trente :				
Cembra	8.145	»	8	»
Civezzano	10.467	»	13	63
Lavis	9.535	2	43	1
Pergine	12.474	6	1.675	1
Trente (*).	14.111	»	45	70
Vezzano	12.013	»	3	»
Total.	383.356	277	239.771	4.164
Comté de Gorizia et Gradisca.				
Ville de Gorizia	14.812	10.868	3.238	473
District de Gorizia :				
Canale.	22	13.940	60	25
Gorizia (*)	2.734	41.430	284	85
Aidussina	9	14.691	20	7
A reporter.	17.577	80.929	3.592	590

(*) Non compris la ville du même nom.

	LANGUE USUELLE (nombre d'habitants parlant)			LANGUES
	Italien ou ladin	Yougoslave (serbo-croate ou slovène)	Allemand	diverses
Report.	17.577	80.929	3.592	590
District de Gradisca :				
Cormons.	13.538	4.355	329	5
Gradisca	12.725	303	62	4
District de Monfalcone :				
Cervignano.	27.979	49	110	4
Monfalcone.	17.928	1.655	125	8
District de Sesana :				
Komen.	250	14.042	66	13
Sesana.	93	15.524	80	10
District de Tolmino :				
Flitsch.	8	5.529	26	10
Karfreit (Caporetto) . . .	»	9.064	7	1
Kirchheim	»	8.132	»	0
Tolmino	21	15.168	89	15
Total.	90.119	154.750	4.486	660

Trieste.	118.959	59.319	11.856	779
Istrie.				
Ville de Rovigno	10.859	120	320	9
District de Capodistria :				
Capodistria.	18.744	25.492	122	29
Pinguente	874	19.445	15	7
Pirano.	18.388	4.315	195	26
District de Lussin :				
Cherso.	2.296	5.714	4	2
Lussin.	7.588	4.380	418	48
District de Mitterburg-Pisino :				
Albona.	2.396	14.305	40	897
Mitterburg-Pisino. . . .	1.635	28.907	52	10
District de Parenzo :				
Buje.	19.728	2.007	14	1
Montona	11.004	10.442	21	13
Parenzo	10.544	6.547	40	7
District de Pola :				
Dignano	6.620	11.167	96	29
A reporter.	110.677	132.844	1.337	1.078

	LANGUE USUELLE (nombre d'habitants parlant)			LANGUES diverses
	Italien ou ladin	Yougoslave (serbo-croate ou slovène)	Allemand	
Report.	110 677	132.844	1.337	1.078
Pola	30.902	19.967	9.046	1.685
Rovigno (*).	3.341	3.078	11	1
District de Veglia . . .	1.544	19.562	25	5
District de Volosca :				
Castelnuovo	7	16.595	7	9
Volosca	946	31.275	2.309	215
Total.	147.417	223.318	12.735	2.993
Dalmatie.				
District de Benkovac :				
Benkovac.	52	17.203	»	7
Kistanje	13	10.635	»	»
Obbrovazzo.	19	16.121	2	2

(*) Non compris la ville du même nom.

	Italien ou ladin	Yougoslave (serbo-croate ou slovène)	Allemand	LANGUES diverses
District de Cattaro :				
Budua	8	6.191	35	473
Castelnuovo	153	8.643	332	154
Cattaro.	348	12.813	527	739
Parasto	29	4.926	312	334
District de Curzola :				
Blatta	6	13.147	3	»
Curzola	430	8.039	»	3
Sabbioncello-Pelješac . .	8	8.069	»	»
District d'Imotski. . .	46	42.026	7	7
District de Knin :				
Drniš	90	24.334	10	3
Knin.	96	30.362	30	14
District de Lesina :				
Cittavecchia	234	13.043	2	4
Lesina	240	3.307	5	6
Lissa.	92	9.943	4	2
District de Macarsca :				
Macarsca.	117	16.147	10	13
Vrhgorac.	»	11.362	»	»
District de Metković. .	32	15.419	9	15
A reporter.	2.033	271.717	1.288	1.773

	LANGUE USUELLE (nombre d'habitants parlant)			LANGUES diverses
	Italien ou ladin	Yougoslave (serbo-croate ou slovène)	Allemand	
Report.	2.033	24.717	1.388	1.773
District de Raguse :				
Raguse.	501	18.227	559	194
Ragusavecchia	16	9.707	4	»
Stagno.	9	9.394	7	14
District de San Pietrö :				
Brazza	265	22.581	10	9
District de Sebenico :				
Scardona.	66	11.532	»	1
Sebenico.	873	36.177	521	164
Stretto.	29	8.295	»	»
District de Sinj :				
Sinj	106	43.033	101	78
Vrlika	5	13.697	1	»
District de Spalato :				
Almissa	28	16.571	»	5

	Italien ou ladin	Yougoslave (serbo-croate ou slovène)	Allemand	LANGUES diverses
Spalato.	2.090	50.551	95	128
Traù.	239	28.789	7	6
District de Zara :				
Arbe.	151	4.912	10	10
Pago.	23	7.426	1	»
Zara.	11.574	50.003	477	145
Zaravecchia	20	8.599	»	8
Total.	18 028	611.211	3.081	2.535

Fiume.

	Italien ou ladin	Yougoslave (serbo-croate ou slovène)	Allemand	LANGUES diverses
District de Fiume :				
Fiume.	24.212	15.687	6.493	3.383
Susak.	638	11.706	363	487
Total.	24.810	27.393	6.856	3.870

INDEX ALPHABÉTIQUE

DES NOMS PROPRES

contenus dans le présent ouvrage

TABLE DES MATIÈRES

TROISIÈME PARTIE

La politique italienne de demain.

ANNEXE I

ANNEXE II

ANNEXE III

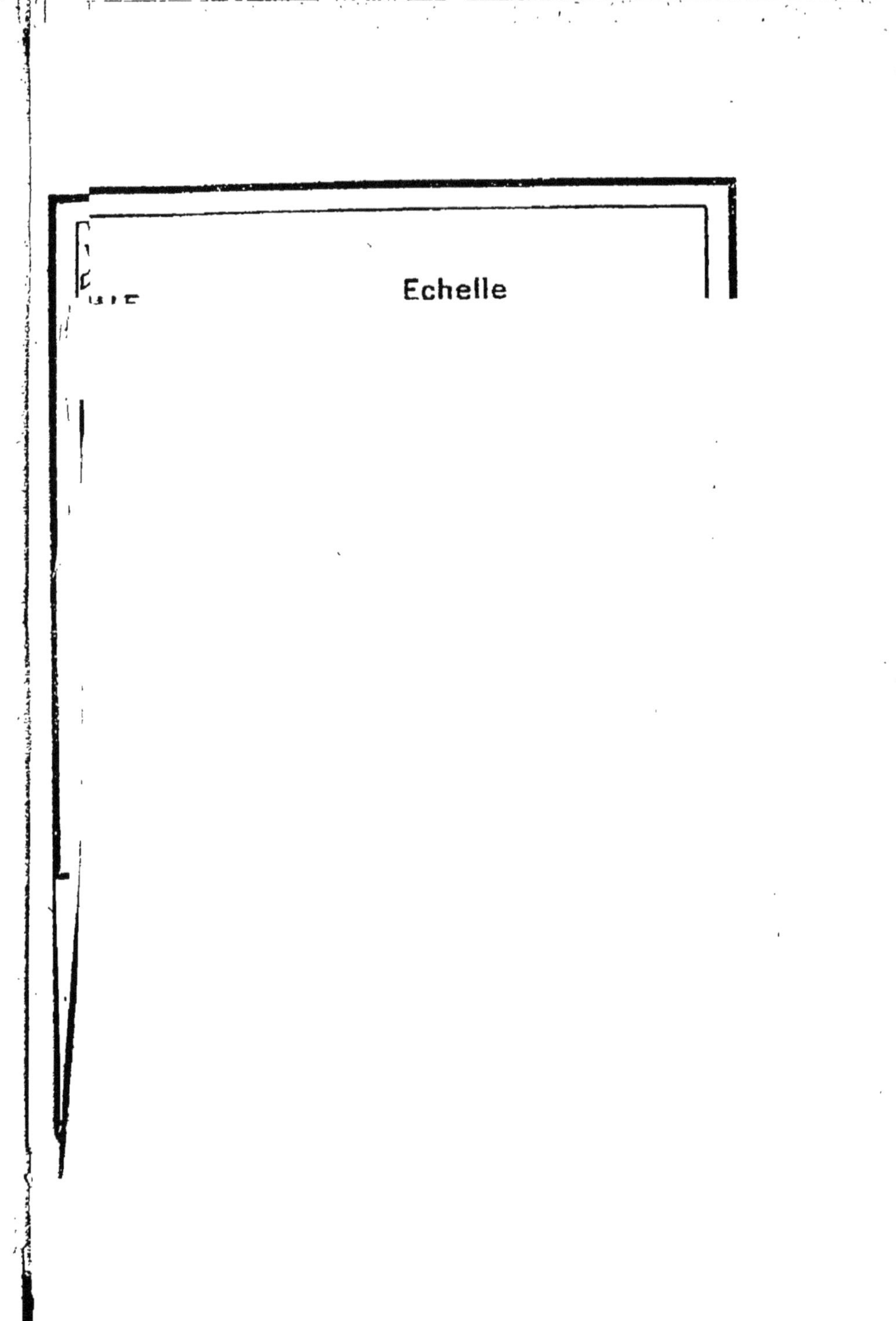
Echelle

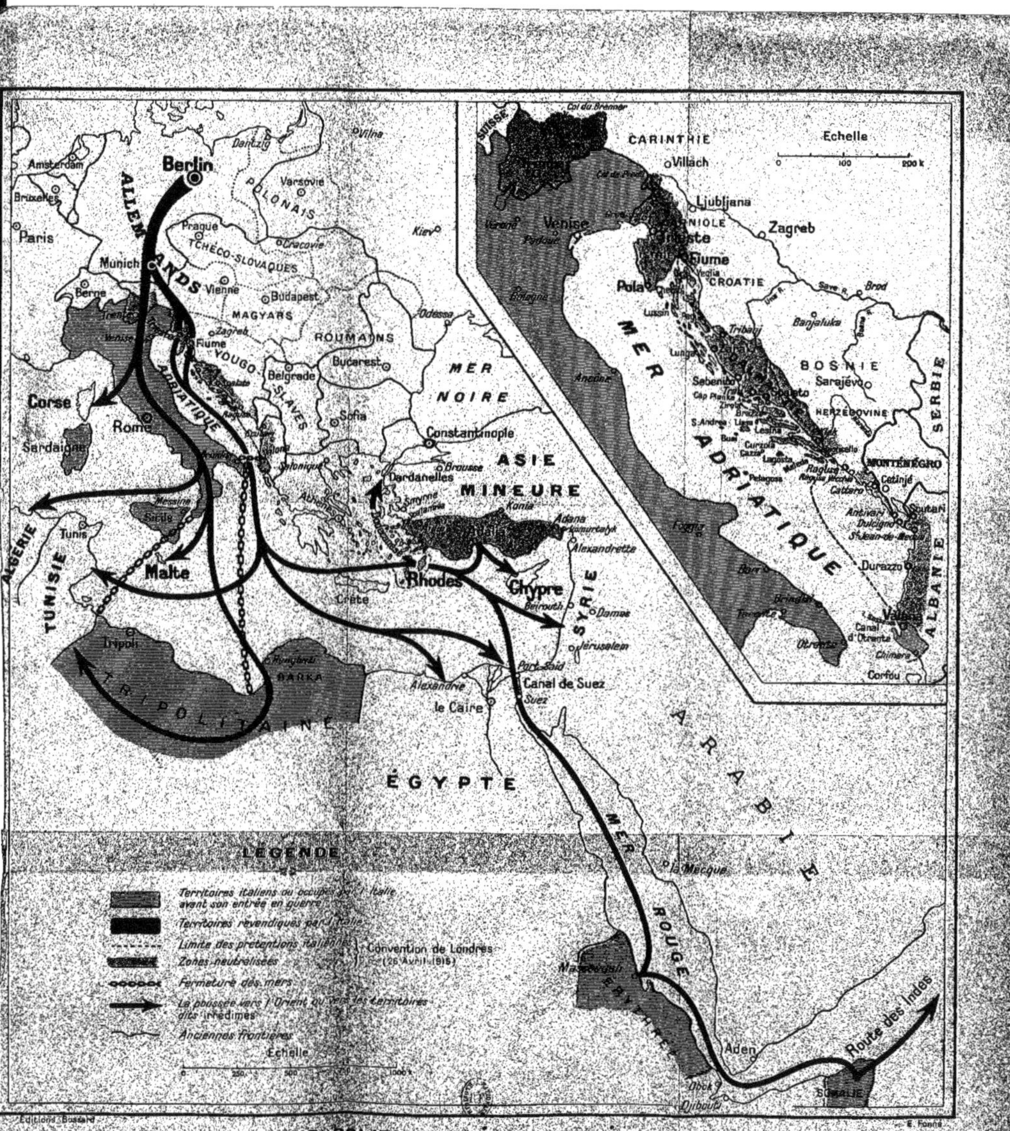

Amsterdam
Bruxelles
Paris
Berne
Corse
Sardaigne
Rome
ALGÉRIE
TUNISIE
Tunis
Malte
Tripoli
BARKA
TRIPOLITAINE
Berlin
ALLEMANDS
Danzig
Vilna
Varsovie
POLONAIS
Prague
Cracovie
TCHÉCO-SLOVAQUES
Munich
Vienne
Budapest
MAGYARS
Kiev
Odessa
ROUMAINS
Bucarest
Belgrade
YOUGO-SLAVES
Sofia
MER NOIRE
Constantinople
Brousse
ASIE MINEURE
Dardanelles
Smyrne
Konia
Adana
Alexandrette
Crète
Rhodes
Chypre
Beyrouth
SYRIE
Damas
Jérusalem
Port-Saïd
Alexandrie
Canal de Suez
Suez
le Caire
ÉGYPTE
ARABIE
MER ROUGE
la Mecque
ÉRYTHRÉE
Massaouah
Aden
Obock
Djibouti
SOMALIE
Route des Indes
SUISSE
Col du Brenner
CARINTHIE
Villach
Echelle
0   100   200 k
Vérone
Venise
Ljubljana
Trieste
Fiume
Pola
Zagreb
CROATIE
MER
BOSNIE
Sarajévo
HERZÉGOVINE
Sebenico
MER ADRIATIQUE
MONTÉNÉGRO
Cétinjé
Cattaro
Antivari
Dulcigno
Durazzo
Valona
Canal d'Otrante
Brindisi
Otrante
Chimera
Corfou
ALBANIE
SERBIE
Foggia
Bari
LÉGENDE
Territoires italiens ou occupés par l'Italie avant son entrée en guerre
Territoires revendiqués par l'Italie
Limite des prétentions italiennes
Zones neutralisées
Fermeture des mers
La poussée vers l'Orient ou vers les territoires dits irrédimés
Anciennes frontières
Convention de Londres
(26 Avril 1915)
Echelle
0   250   500   1000 k
Éditions Bossard
UNE POLITIQUE MÉDITERRANÉENNE